読み書きが得意になる！
対話力がアップする！

国語あそび
101

三好真史 著

JN011319

学陽書房

はじめに

　国語科では、「言葉」について学びます。

　言葉は、人を励ますことができます。
　お互いを分かり合うこともできます。
　傷つけることもできます。
　言葉には、無限の可能性があるのです。

　言葉についての理解を深め、それを自在に使えるようになるためには、子どもが言葉で表現したくなり、言葉を読み取りたくなるような仕掛けが必要です。
　その点において、本書の「国語あそび」は大きな効果を発揮します。

　「読み取りが深まらない……」
　「子どもが文章を書けるようにならない……」
　「話をうまく聞き取ることができない……」
　「緊張感があって、話し合う雰囲気にならない……」

　そんな悩みをかかえているならば、楽しい国語あそびをやってみましょう！
　あそびだからこそ、子どもたちはたくさん話し合い、読み書きしてみたいと思うようになります。あそびを通じて、言葉の世界をグングン広げていくことができるのです。

　「話し合うって楽しいな！」
　「書くのって、おもしろい！」
　「もっと国語を勉強したい！」

　そんな気持ちをもたせて、国語科の授業へと子どもたちを引き込みましょう。
　明日の授業の中に、たった５分間の「国語あそび」を取り入れてみましょう！

contents

Introduction
国語あそびの指導で大切にしたい4つのこと

Chapter 1
話し合う国語あそび

Chapter 2

聞く国語あそび

Chapter 3
書く国語あそび

Chapter 4

読む国語あそび

Chapter **5**

言葉を使った国語あそび

Introduction

国語あそびの指導で大切にしたい4つのこと

国語あそびをするにあたり、
気を付けたいポイントがあります。
スムーズに活動へ移れるよう、
4つの内容を確認しましょう。

Point 1
あそびを通じて「国語の力」をつける

　国語科は、学校教育において、ほとんど毎日の授業に含まれています。全授業の中でも、もっとも長い時間を占めています。アクティビティを取り入れるには、時間の確保が必要なものですが、多くの授業時数が確保できている点からしても、国語科は「あそび」を導入しやすい教科であるといえるでしょう。

　では、授業の中で、どのようなときに「あそび」を行えばいいのでしょうか。最適なタイミングは、4つあります。

①授業始め

　チャイムが鳴り、挨拶。その直後、授業が始まってすぐに行います。国語科の授業への意欲づけをはかります。

②授業内での活動と活動の間

　漢字練習時間が終わり、教科書の学習に移るときなど、活動と活動の間に取り入れます。サッと短く終わるアクティビティで、子どもの意識が学習へ向かうようにします。

③活動そのものとして

　あそびそのものが本時の学びともなり得ます。あそびを3〜4つつなげれば、授業として成立します。アクティビティを通じて、学びを深めていきましょう。

④授業終わり

　授業の内容が終わり、時間が余ったとき、隙間時間を活用して行います。時間がオーバーしないよう、短時間で行えるあそびにしましょう。

Point 2
国語あそびの注意点

国語あそびを行う際の注意点は3つあります。

①あそびに偏らないようにする

国語あそびは、ワークやアクティビティが中心ですが、これらはやっているだけでも十分に楽しめるものです。ともすれば、「ああ、楽しいあそびだったなあ」で終わってしまいかねません。

しかし、国語あそびは、何らかの力を身につけるために行うものです。活動の始め、もしくは終わりに、「〜の力をつけるために、この活動をやっているのだよ」と具体的に伝えるようにしましょう。楽しみのためではなく、あくまでも国語の力を身につけるためのアクティビティであることを念押しして伝えます。

②テンションを上げすぎない

国語科の授業では、話し合いの場が多くもたれるものですが、ヒートアップしてしまって、テンションが高くなりすぎると、うまく話し合えないことがあります。静謐であるほうが、深みのある話し合いにたどり着けるもの。「テンションの上げすぎ」には要注意です。

③無理強いをしない

子どもによっては、言葉による表現を苦手と感じていることもあります。子どもがあそびにうまく入れないときは、「無理しなくていいよ」と伝えます。無理に取り組ませようとしなくていいのです。しかしながら、「次はできるといいね」と励ますなど、次のチャンスへつなげられるように言葉をかけていきましょう。

Point 3
教師自身が話す力を身につける

　子どもの国語力向上をねらうのであれば、まずは教師自身が国語力を高めなければなりません。授業をするにあたって必要な国語力とは、教師の「話す力」です。
　では、教師の話す力は、どのようにすれば高められるのでしょうか。
　次の3点が考えられます。

①全体を見る
　全体に目を配りながら話すように心がけましょう。子どもの正面に立つときは、奥の座席からZの字を描くようにして視線を送っていけば、全体を見ることができます。
　また、教師の立ち位置も大切です。教室の角に立ち、全体へ語りかけるようにすれば、子どもを見渡しやすくなるので、より届かせやすくなります。

②間をとる
　子どもに伝えたい話の中で、特に大事な部分の前後に、間をとってみましょう。「えー」とか「あー」などの言葉をはさまずに、無音の時間をつくるようにします。その時間が、子どもにとって、集中力を高め、自問する時間になるのです。

③書きながら話す
　子どもの中には、聴覚が優位であったり、視覚が優位であったりと、五感を使った理解に特質がある子もいます。例えば、視覚優位の子どもにとっては、目で見て話を理解できることが望ましいのです。黒板に、簡単な内容を板書しながら説明するようにしてみましょう。

　インターネット上には、「TED」など、話し方の模範となるような講演の動画が多く掲載されています。上手な話し方を見て学び、自身の話し方改善へと活かしましょう。
　子どもは、日々発表しようと手を挙げ、また、一生懸命に教師の話を聞くなど努力しています。そうした子どもたちに向き合う教師も、話し方を自分なりに向上させていこうと努力しなければならないといえるでしょう。

Point 4
国語あそびの取り入れ方

　あそびを授業に取り入れる際、「○○というあそびをするよ。さあ、やってみましょう」と唐突に始めると、子どもたちを困惑させてしまうことになりかねません。指導が目的のあそびのルールは、話を聞いただけでは伝わりにくいものだからです。

　特に国語あそびは、言葉を使ったあそびであり、イメージがわかないものが多いのです。次の3つのポイントに気を付けるようにしましょう。

①見本を見せる

　はじめてあそびを行う際には、必ず見本を見せるようにします。

　子どもに、「○○というあそびをします。手伝ってくれる人はいますか?」と問いかけます。そして、代表者とともに活動して見せます。

　見本を見せながら、「こういうふうに進めます」「こういうときはアウトです」というようにルールを解説します。それだけで、ほとんど問題なくスムーズに進めることができます。

②具体例を示す

　文章を書く活動の場合では、実際に教師が書いてきた具体例を読んでみせます。ただし、1パターンのみを示すと、子どもがまったく同じ文章を書いてしまうおそれがあります。できれば、2～3パターンをサッと読み上げるようにすれば、子どもの考える幅が広がります。

③練習時間を設ける

　ルールを説明しても今ひとつよく分からないという場合は、「まず練習しましょう」と伝えて、練習時間を設けます。そして、慣れてきた頃を見計らって、「さあ、それではここからが本番です!」とスタートさせます。こうすることによって、理解の遅い子どもも全力で楽しむことができるようになります。

　あそびをスタートしているのにもかかわらず、活動が始まらなかったり、「先生、こういう場合はどうなるのですか?」という質問が出たりするようであれば、それは説明不足が原因と考えられます。教師の伝え方を工夫しましょう。

発表する力を身につけさせるために

「どうすれば、子どもが自分の考えを発表できるようになるのですか?」
教師仲間から、このような質問を受けることがあります。
子どもが発表できるようになるためには、4つのステップがあります。
やさしい順から取り組みます。次の順に沿って指導するといいでしょう。

①1人で教科書の音読ができる
②ノートに書いている答えが言える
③ノートに書いている意見が言える
④ノートに書いていない意見が言える

　まずは、教科書レベルの文章の音読ができるかどうかが大切です。教科書の音読の際に、「ここから先を1人で音読できる人?」と尋ねてみましょう。
　そこで手が挙がらないようであれば、上記の4段階を教え、「音読発表が、発表の中でももっともやさしいレベルである」ことを伝えましょう。
　そして、2〜3分程度、1人で音読練習する時間を設けます。その後、もう一度「音読できる人?」と尋ねます。このようにして、まずは音読から手を挙げられるようにさせましょう。
　音読ができるようになったら、自分の意見を言えるようにしていきます。
　まずは、ノートに書いてある「答え」を発言できるようになること。次に、ノートに書いた「意見」を言えるようになること。さらに、ノートに書いていないことまで自由に発言できるようになれば、発表の力は十分ついたということができるでしょう。
　このように、発表には段階があるのです。ステップを1つずつ登らせていくようなイメージで取り組んでいきましょう。

Chapter

1

話し合う
国語あそび

・
・
・

「話し合う」というのは、高度な活動です。
相手の話を受けてアイディアを出し、
組み立てた文章を発音するからです。
楽しいあそびを通じて
「話す」ことについての
抵抗を減らしましょう。

途切れずに話し続けよう！

お話続けっこ

ねらい 話を続けるための方法について考える

❶示されたお題について3秒以内に話し始める

 全員起立。「好きな食べ物」についてペアで話し合います。
3秒途切れたら終わり。途切れることなく1分間話し続けられたらOKです。
失敗したら、座りましょう。

僕の好きな食べ物はプリンです。

そうなんだ。どこが好きなの？

やわらかくて、甘いところかな。

❷話せなくなったら、座る

私はあんパンが好きだな。

あんパン？　どうして？

え〜っと……。

ああ、5秒たっちゃった！

 (活動後)そこまで。
しゃべり続けられた人はいますか？

は〜い！

すばらしい！　友だちと話し合うときは、
そうやって、間をあけずに
話し続けられるといいですね。

ADVICE!
・話し合いのテーマは、p.126〜131を参照してください。
・「審査員はグループの2人」として交替しながら行うと、評価にごまかしがきかなくなります。
・慣れてきたら、座ったままで行うようにします。

言葉を引用して話を続けよう!

② 会話しりとり

ねらい 相手の話を受けて会話できるようになる

❶ペアで会話の一部でしりとりをする

となりの人と、相手の話の一部を使って話を続けてみましょう。
ジャンケンで勝った人から話し始めます。
相手の言葉を繰り返せなかったら負けになります。

 昨日は、何をしていたの?

 昨日はね、サッカーの試合だったよ。

❷同じ言葉が重ねられるようにやりとりを続ける

 サッカーの試合は、どうだったの?

 試合は、勝てたよ。

 勝てるなんて、すごいね。何点とったの?

 4点!　……あっ、しまった!

 しりとりに勝てた人?　(挙手)
うまく話すことができましたね。
このように、相手の話を繰り返すことを、「オウム返し」と言います。
人と話すときには、今のように、相手の話の一部を繰り返してみると、
相手は「受け入れられた」と安心することができるのですよ。

ADVICE!　・「単語1つだけでも、繰り返すことができたらOK」として、ゆるやかなルール設定にするのがいいでしょう。

3 あなたはどう？

自分の意見から相手へとつなげよう！

ねらい 自分の意見から相手の意見へとつなげる

❶自分の意見を述べてから相手の考えを尋ねる

 ジャンケンで勝った人が、「私の好きな○○は○○です。あなたはどう？」と尋ねます。好きなものは、動物、食べ物、場所など、何でも○Kです。相手が答えられなければ、あなたの勝ちです。

 私の好きな魚は、金魚です。あなたはどう？

 僕の好きな魚は、鯛です。

❷様々なペアで話し合う

 教室を立ち歩いて、様々なペアでやってみましょう。

 私の好きな恐竜は、ティラノサウルスです。あなたはどう？

 僕の好きな恐竜は、え～っと……。

 やったあ！　私の勝ち！

 では、座りましょう。自分の考えを伝えるときには、文の最後に、相手の考えを尋ねてみれば、会話が深まりますね。

ADVICE!　・「あなたはどう？」ではなく、「○さんはどう？」や、「○さんはどう思った？」など、言葉を変えてもいいことにします。

上手く噛み合っちゃったら負け！

4 ちぐはぐ会話

ねらい 楽しいやりとりから、会話の続け方を知る

❶ペアでわざと噛み合わないように会話をする

となりの人と、噛み合わない会話をします。
噛み合ってしまったほうが負けになります。
ジャンケンで勝った人は、「今日の朝ごはんは何？」と尋ねましょう。

 今日の朝ごはんは何？

 昨日は、塾に行ったんだよ。

 焼き芋が食べたいな。

 羊を見にいこうよ。

今日の朝ごはんは何？

昨日は、塾に行ったんだよ

❷代表者が勝負する

絶対に負けない自信がある人はいますか？（挙手・指名）

 今日の朝ごはんは何？

 旅行に行きたいな。

 ゲームをやるのが楽しみだな。

 僕も、最近ゲームを買ったんだよ。
……あっ！

（しばらく続けた後）すごい！　引き分けです！
ではもう一度、ペアを変えて勝負しましょう。
今度は、前後の人とやります。

ゲームをやるのが楽しみだな

僕も、最近ゲームを買ったんだよ。……あっ！

ADVICE！

・ちぐはぐな会話をすると、笑いが起こります。このことから、「会話とは、相手の話と噛み合うように続けるものだ」と学べるように促しましょう。

その言葉は言っちゃダメ！
5 禁止ワード
ねらい 制限のある会話を楽しむ

❶禁止ワードを決める

 禁止ワードを決めます。
禁止ワードとは、言ってはいけない言葉のことです。
今回の禁止ワードは「カタカナ言葉」です。
ジャンケンで勝った人から、「昨日、帰って何してたの？」と
尋ねてみましょう。
間違えたら、もう一度、間違えた人から始めましょう。

 昨日、帰って何してたの？

 昨日は、帰ってから球をけりに行ったよ。Aさんは？

 私は、白と黒の鍵盤を弾きに行ったよ。

 「カタカナ言葉」を使ってはいけませんよ

帰ってから球をけりに行ったよ

白と黒の鍵盤を弾きに行ったよ

❷間違えるまで会話を続ける

 それって、何年くらいやっているの？

 2年くらいかな。

 そんなに楽しいんだね。サッカーって……あっ！

 アウト！

そんなに楽しいんだね。サッカーって……あっ！

アウト！

 （活動後）間違えずに話せた人？（挙手）
すばらしい！　カタカナ言葉を日本語にするのは、難しいですね。

ADVICE!
・ほかにも「数字」や「色」を言ってはいけないなどのルールが適しています。
・「楽しかった」というワードを禁止にして、行事の感想について話し合うと、語彙力を養うトレーニングにもなります。

6 哲学タイム

みんなで「不思議」の話をしよう！

ねらい 哲学的な話から会話そのものを楽しむ

❶不思議に思うことを話し合う

 みなさんは、普段の生活の中で不思議に思うことはありませんか？
今日は、グループで順番に話をしてみましょう。
紙に、不思議だと思うことを書き出します。
（活動後）書けましたね。
では、みんなでその内容について話し合ってみましょう。

 なぜ、ダンゴムシをさわると丸くなるのかな？

 自分の身を守るためじゃない？

 そうか～。でも、丸くなると、逃げられないよね。

 確かに。あっ、でも、転がって遠くに逃げられるかも！

❷全体の前で発表する

 どのような話が出ましたか？

 ダンゴムシの話になりました。
ダンゴムシは、身を守るために丸くなるのだという結論になりました。

 このように、ある出来事について「なぜなのか？」を考え続ける活動を、哲学といいます。哲学的に話し合うことは、とても楽しいことですね。

ADVICE!
・哲学のテーマ例については、p.130の「哲学」の項目を参照してください。
・子どもたちが書いたお題を集めてリストにして配付すると、次回の話し合いで役立ちます。

7 消しゴムを回してお話を続けよう！

お話バクダンゲーム

ねらい 間をあけずに会話をつなぐ

❶消しゴムを回して話をする

 消しゴムを渡しながら、テーマについて話し合います。グループの中で次の人の名前を呼びながら渡しましょう。1分間たったときに、先生が「ドカーン」と言います。そのとき、消しゴムを持っている人がアウトになります。はじめのテーマは、「行ってみたいところ」です。

私が行ってみたいところは、ハワイです。Aくんは？

僕が行ってみたいところは、グアムかな。

 私が行ってみたいところは、ハワイです。Aくんは？

僕が行ってみたいところは、グアムかな。

❷1分後に消しゴムを持っている人がアウト

 あと10秒です。

 わわっ。私は沖縄に行ってみたいな。サトウキビが食べたいからね。Bくんは、どこに行ってみたい？

Bくんは、どこに行ってみたい？

僕はね……

ドカーン！

 僕はね……。

 ドカーン！　今、消しゴムを持っている人がアウトです！

 うわ～！

 友だちとグループで会話をするときには、今のように、自分ばかり話すのではなく、次の人に話をふることができるといいですね。

ADVICE!
・物語文を読んで思ったことや、行事を終えて感じたことなど、活動後のワークとして効果的です。
・2～3周ほど回して、たくさんの意見が交わされるようにします。

8 噂をおもしろおかしく変えちゃおう！
噂の雪だるま
ねらい 聞いた話の内容を捉えて他者に伝える

❶おもしろい噂を回す

噂話というのは、だんだん大きくなっていくものです。
まるで、雪だるまのようにね。
グループのリーダーから時計回りに噂話をします。
聞いた人は、それを少しだけ大きな話にして、ほかの人へと伝えましょう。
１分たったら、最後に聞いた人に発表してもらいますよ。
ではリーダー、「リンゴが木から落ちた。」から始めてください。

 リンゴが木から落ちた。

 サルが東京スカイツリーから落ちた。

 リンゴが木から落ちた

 サルが東京スカイツリーから落ちた

❷噂を発表する

さて、どんな噂話になりましたか？
グループごとに発表してください。

 サンマが東京スカイツリーの上を飛んでいた。

 ええ〜っ！

それはおそろしい！
（全グループ終えてから）噂話というのは、
こうして話す人が付け加えていき、
だんだん大きくなっていくのですね。

 サンマが東京スカイツリーの上を飛んでいた

ADVICE！ ・教師は全体を見て、思いつかなくて困っている子どもにアドバイスして回るようにします。

くだらないからこそ真剣に議論！
9 くだらない討論

ねらい 相手を説得できるように話し合いをする

❶ささいなことを討論する

討論のウォーミングアップをしましょう。
簡単なテーマで討論します。「目玉焼きには何をかけるか？」。
グループで話し合いながら、ほかの人を説得してみましょう。

 目玉焼きには何をかける？

 僕は塩かな。

 私は醤油！

 僕はマヨネーズ！

❷自分の考えを伝えて説得する

 絶対に醤油がいいよ。だって、醤油なら、ご飯にも合う。マヨネーズは、ご飯には合わないでしょう？

 いやいや、マヨネーズなら、サラダにもかけられる。全部一緒に食べられるから便利なんだよ。

 そこまでにしましょう。討論をするときには、今のように自分のいいと思うものについて、意見を伝えられるようにしましょうね。

ADVICE!
・お題はほかに、「朝起きて1番に何をするべきか？」「身体はどこから洗うべきか？」「靴は右と左、どちらからはくべきか？」など。
・全員が同じ意見の場合は、半分程度が違う意見になるように立場を変えて行います。

10 秘密の会議

秘密だからこそ真剣に話し合おう！

ねらい 活動の作戦を協力してたてる

❶秘密で作戦を話し合う

 どこまで紙を高く積み上げられるかを勝負します。
まずはグループで「秘密の会議」をしましょう。
周りのグループに聞かれないようにしましょう。

 どうすれば高くなるかな……？

 仕事を分けようよ。紙を折る人と、
積み上げる人に分かれたらどうかな？

 それ、いいね。それでやってみよう！

❷作戦をふりかえる

 （活動後）やった〜、優勝だ！

 Aさんのグループは、
どのような作戦にしたのですか？

 ひたすら折り重ねていく人と、ズレを
修正する人に分かれて行う作戦です。

 なるほど！　作戦勝ちですね。
もう一度やりますよ。
秘密会議を、再び開きましょう。

ADVICE!
・「秘密にする」という設定だけで、子どもたちは顔を寄せ合って真剣に話し合うようになります。「手をつないだままフラフープを移動させる」「風船を落とさずにたたく」「紙を折って高く積み上げる」など、様々な活動の前に秘密の会議を行ってみるといいでしょう。

例を使って話をしよう！
たとえば？
ねらい 例を挙げて話す力を養う

❶ 「例えば」の問題を出す

となりの人とジャンケンをします。
勝った人は、「物の性質」の問題を出します。
5秒以内に言えなかったり、間違ったりするとアウトになります。

チョコレート。例えば？

チョコチップ！
板チョコ！
イチゴチョコ！

❷ 代表者が競い合う

絶対に負けない自信のある人は
いますか？
(挙手・指名)では、Aさん対Bくん！

金属のもの！ 例えば？

え～っと、空き缶、黒板……。

Aさんの勝ち！ 会話をしている中で、相手の話がよく分からないときに
は、今のように「例えば？」と尋ねてみましょう。そうすれば、話し手は
様々な例を出して話してくれるようになりますよ。

ADVICE!
・低学年の場合は、答える数を1つにします。慣れてきたら、2つ、3つと答え
る数を増やします。
・お題にするものは、「野菜」「おやつ」「電車」「丸いもの」「四角いもの」
「かたいもの」「やわらかいもの」「赤色のもの」「あたたかいもの」「冷た
いもの」「苦いもの」など。様々な例を挙げてから始めると、取り組みやす
くなります。

話し方を学ぶあそび②

12 つまり？

1つにまとめると、どうなるかな？

ねらい 単語の共通点を見つけ出す

❶ 「つまり」の問題を出す

 となりの人とジャンケンをします。
勝った人は、共通しているテーマをもつ3つの言葉を言います。
負けた人は、「つまり？」と聞かれたら、そのテーマを答えます。

 新幹線。飛行機。電車。つまり？

え～っと……乗り物！

❷代表者が競い合う

 絶対に負けない自信のある人はいますか？
(挙手・指名)では、Aくん対Bさん！

 サル。犬。キジ。つまり？

 動物？

 ブー。桃太郎でした。

 ええっ!?

 Aくんの勝ち！　話を聞いているときに、もっと詳しく尋ねたいときは、「つまり、どういうことなの？」と聞くようにするといいのですよ。

ADVICE!　・慣れないうちは、子どもたちが問題をつくるのは難しいものです。「たとえば？」(あそび⓫)を十分に行ってから取り組むようにしましょう。

13 接続語あいづち

接続語で会話の続きを考えよう!

ねらい 接続語の意味と使い方を知る

❶接続語で会話をする

 接続語には、どのようなものがありますか?

「そして」。

「しかし」。

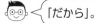「だから」。

「すると」。

 ペアでジャンケンをして、負けた人が「ネコが歩いてきました。」と言います。勝った人は、接続語を言います。負けた人は、その接続語につながるように言葉をつなげましょう。つながらない文になるとアウトです。1分間続けられるかな?

ネコが歩いてきました。

「しかし」。

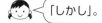

棒にぶつかりました。

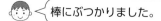

❷1分間続ける

「だから」。

ネコは棒に当たりませんでした。

 アウト! 「だから」の後だから、それはおかしいよ。

 そっか〜! 負けた!

 はい、1分たちました。役割を交替しましょう。

ADVICE!
・ルールが難しいため、はじめに見本を見せてから始めましょう。
・あそびの後は、接続語の役割が理解できるようにまとめて説明していくことが望ましいです。

何て言っているのか分かるかな!?
14 口パクスピーチ

ねらい 口の形や大きさに意識を向ける

❶口パクで会話をする

 口パクでスピーチをしてみましょう。
テーマは「行ってみたい場所」です。前で話せる人？（挙手・指名）

 私の行ってみたい場所は、○○○（口パク）です。

 何だろう……北海道かな？

 ハワイだと思います！

 正解です！

❷グループで行う

 では、グループで行いましょう。
1人が口パクでスピーチして、ほかの人が当てます。
リーダーから時計回りで順番に進めましょう。

 僕の行ってみたい場所は、
○○○○○（口パク）です。

 う〜ん……南アフリカ？

 正解です！

 正解できた人はいますか？（挙手）
すばらしい！　今のように、はっきりとした
口の形で話せるようになれるといいですね。

ADVICE!　・「ハッキリ伝えるためには、どういう口の形にすればいいのか?」を考えさせ
ます。口形を意識して話すことができるようにします。

15 声のものさし

声の大きさは、どれがいいのかな!?

ねらい 場に適切な声量を考える

❶ 3文字の言葉を指定して発声させる

 これが、1の声。2の声はこれ。これが、3の声! 4の声!! 5の声!!!

 なるほど。

 先生の後に続いて「トマト」と言いましょう。1の声で。

 トーマート。

 3の声で!

 トーマート!

❷ ランダムに声のものさしを指定する

 5の声で!!! トーマート!!!

 (活動後) みんなの前で発表するときは、どの声で発表すればいいでしょうか?

 4の声だと思います。

 となりの人と相談するときは?

 2の声だと思います。

 そうですね。その場の状況に応じて声の大きさを使い分けられるようになりましょうね。

ADVICE!
・扱う言葉は、3文字が適しています。「みかん」「目玉」「カカオ」など。「次は何の言葉にする?」と子どもから募集すれば、さらに楽しく進めることができます。

16 クイズでスピーチ！　〇か×か!?
思い出〇×スピーチ
ねらい 短い言葉でクラス全体へ尋ねられるようになる

❶思い出で〇×ゲームをする

 ペアで〇×ゲームをします。
ジャンケンで勝った人が、思い出を話して、〇か×かを尋ねます。

 休みの日に、山へ行きました。〇か×か？

 ×かな？

 これは、〇です。

 ええ〜っ！

❷みんなの前で発表する

 では、何人かに発表してもらいましょう。

 私は昨日、道端で転びました。〇か×か？

 どっちかな？　手で表してください。さん、はい。

 まるー！　 正解は、〇です！　 やった〜！

 (3名発表後) そこまでにしましょう。
クイズのようにして、クラス全体へ尋ねることができていました。
今のように、問いかけながら発表ができるようになると、レベルが高いです。

ADVICE! ・〇×が書かれた札を手に持ち、答えを発表するようにすれば、ますます盛り上がります。

17 声の壁あて

跳ね返った声が聞こえるかな!?

ねらい 聞き取りやすい声が出せるようになる

❶声の跳ね返りを感じる

 口の前に手を置きましょう。「あー!」と言います。
自分の声が聞こえたら合格です。

 あー!　　　 聞こえました!

 聞こえた人は、机に向かって。
それも聞こえたら黒板に向かって。
さらに聞こえたら、窓に向かって。
それも聞こえた人はカーテンに向かって
声を出してみましょう。
跳ね返ってきたら、合格です。

あー!

あー!

聞こえた!

❷自分に合ったレベルで練習する

 あー!

 聞こえたよ!　やった〜!
次のレベルに挑戦だ。

 では、座りましょう。
自分の声は聞こえましたか?
みんなの前で発表するときには、今く
らいの大きな声で発表できれば、聞き
取りやすくなります。
声の大きさを覚えておきましょう。

あー!　　あー!　　あー!

ADVICE!　・教室内には、子どもの声が響き渡ります。周囲のクラスの迷惑にならないように、教室を締め切って行うようにしましょう。

18 スリーターゲット

端から端まで目線を届けよう！

ねらい 聞き手に目線をおくる意識をもつ

❶3か所に目線をおくる

自分の場所から見て、端の人を2人、真ん中の人を1人決めます。
発表しながら、その3人と目が合えばOKです。
チャレンジしてみたい人？　　（挙手・指名）
では、Aくん。Bさん、Cくん、Dさんも立ってください。

好きな食べ物は、ウニです。
なぜかと言うと、おいしいからです。

好きな食べ物は、
ウニです。
なぜかと言うと、
おいしいからです

❷合格判定をする

Bさん、Cくん、Dさん。
目は合いましたか？

合いました！

Aくん、合格です！

やったね！

目は
合いましたか？

合いました！

ほかにもやりたい人はいますか？
（活動後）このように、発表するときは、全体を見ることが大切です。
特に、自分から見て3点の人を中心に目線をおくるようにしてみましょう。

ADVICE!　　・慣れてきたら、目線をおくる人を5人、7人と増やしていくようにするといい
でしょう。

19 30秒目線ゲーム

みんなの目を見られるようになろう！

ねらい 発表する際の目線の動きを考える

❶目線をクラス全体におくる

自分の席から立ち上がり、クラス全体に20秒間で目線をおくります。
目が合った人の数の多さで勝負します。
チャレンジしてみたい人？　(挙手・指名)

……(目線をおくる)。

❷自分の席で練習する

そこまで。では、Aさんと目が合った人？
(挙手) すごい！　18人です！
全員起立。自分の席から、全体を見られるよう
に練習してみましょう。どうぞ。

……(目線をおくる)。

(活動後) では、練習終わり。
挑戦してみたい人は、いますか？
(挙手・指名)

Aさんと
目が合った人？

すごい！
18人です！

ADVICE！

・「詩の暗唱をしながら」など、ハードルを上げていくと盛り上がります。
・「自分の好きなものと、その理由」など、簡単な発表をしながら行うと難易
　度が増します。

ウサギは有罪？ それとも無罪？

20 昔話で裁判

ねらい 自分の意見をもち、話し合う

❶ウサギは有罪か？ 無罪か？

カチカチ山のお話を読みます。
（読んだ後）カチカチ山のウサギが、裁判にかけられることになりました。
有罪でしょうか？ 無罪でしょうか？ あなたの考えを言いましょう。

おばあさんの敵を討ったんだから、
当然、無罪でしょう。

いやいや、ウサギは何もされてはい
ないわけなんだから、他人のことで
反撃するのはいけないよ。有罪だ！

❷クラス全体で話し合う

私は、ウサギは有罪だと思います。なぜかというと、ウサギは何の被害も
受けていないのに、タヌキを殺してしまったからです。殺人罪です。

その意見に反対です。何の被害も受けていないと言いますが、おばあさん
が大きな被害を受けたのです。おばあさんとおじいさんは、ウサギと仲良
しだったのです。だとすれば、家族のような関係として捉えることができ
ます。ただの敵討ちなのです。無罪です。

（活動後）では、自分の考えをノー
トに書きましょう。

ADVICE！
・『アリとキリギリス』で「キリギリスは有罪か？ 無罪か？」『3匹の子豚』で
「末の弟の子豚は有罪か？ 無罪か？」などでも話し合うことができます。
・3人の裁判官役の子どもを決めて、話し合いを聞いた上でジャッジすると、
さらに盛り上がります。

グループ全員が話せるようになるために

　グループで話し合いをしていると、一部の子どもだけが話し続けてしまうことがあります。そうすると、まったく話すことなく終えてしまう子どもが出てしまいます。話す力の育成の観点から見れば、これはよくありません。

　グループ全員が同じくらい話せるようになるために、次の活動をしてみるといいでしょう。

・お話指立て

　自分が話したら、指を1本立てます。活動後、立っている指の数を見て、全員が同じ数になっていたら合格です。

・お話カード

　1人3枚ずつ白紙のカードを持ちます。自分が話すときに、カードをグループの中央に置きます。全員がまんべんなくカードを置き終えられたらOKです。

・お話クモの巣

　毛糸の玉を持ちます。はじめの人は毛糸玉の端を持ち、次に話す人に毛糸玉を渡します。すると、毛糸がグルグルとグループ全体に広がっていきます。2分間で終了します。まんべんなく広がっていれば、そのグループはOKです。

　どのワークも2〜3回続けて行い、活動の合間には結果への話し合いの時間を設けます。「どうすればグループ全体がまんべんなく話せるか」を考えさせて、よりよい話し合いがなされるようにしていきましょう。

Chapter

2

聞く
国語あそび

円滑なコミュニケーションは、
相手の話を聞くことから始まります。
音声から話の内容まで、
聞き取る意識をもたせる
アクティビティを紹介します。

21 手拍子の音が聞こえるかな!?
マネっこ手拍子

ねらい 音を聞き取る意識をもたせる

❶手拍子の音を聞いてまねする

 手拍子の回数だけ、まねをしましょう。パン！（手拍子）

 パン！（手拍子）

 パンパン！（手拍子）

 パンパン！（手拍子）

❷難しいリズムにする

 だんだんはやくなりますよ。パパンパパンパンパンパンパン！（手拍子）

 パパンパパンパンパンパンパン！（手拍子）

 よく音を聞いていますね。
ここからは、話をします。
話を聞く際には、今のように、真剣に
音を聞き取ろうとすることが大切です。

ADVICE! ・机をたたく音を織り交ぜると、より難しくなります。「パパどんどんどんパン
パンパン」というようにです。
・目をつぶらせれば、さらに音に集中するようになります。

聞き逃さずに、動けるかな!?

22 右・左・オープン

ねらい 短い言葉を聞き取れるようになる

❶右や左を向く

全員起立。今から、「右」「左」と言われ
たほうを向きます。
「反対」と言われたら、反対側を向きます。
オープンと言われたときに、前を向いて
いればOKです。では、目を閉じましょう。
右。左。左。反対。

❷テンポをはやくして行う

左。右。……オープン!

わーい! 合ってた!

今度は、少しはやくしますよ。
(3回程度活動後)
すべて間違いなくできた人はいますか?
(挙手) すばらしい!
先生の言葉をよく聞いていましたね。

ADVICE!　・手拍子の音を合図とするのもいいです。その場合は、「パン」で右、「パンパン」で左を向きます。

23 色消しゴム

色の言葉が出てきたら、すぐに取ろう！

ねらい 言葉に気を付け、正確に聞き取る

❶色の言葉を聞いたら消しゴムを取る

 2人の間に消しゴムを置きましょう。先生が昔話を話します。途中で色を表す言葉が出てきたら、消しゴムをキャッチします。先に消しゴムを取ったほうが勝ちです。
「昔々、あるところにおじいさんとおばあさんがいました。おじいさんは山へ芝刈りに、おばあさんは青い川へ洗濯に行きました。」

 やった〜！　取れた！

 負けた〜！

「おじいさんは山へ芝刈りに、おばあさんは青い川へ洗濯に行きました。」

やった〜！

❷5回勝負をする

 さて、次が決勝戦です。
「おばあさんが取ってきた桃を切ると、
中から……緑色の桃太郎が出てきました。」

 そりゃっ！

 ああ〜！

 勝った人？

 は〜い！

 勝った人は話をよく聞いていたのですね。すごい！

中から……
緑色の桃太郎が
出てきました

そりゃっ！

 ADVICE！
・ほかにも「かぐや姫」「浦島太郎」など、有名な昔話をアレンジして、アドリブで話を作るといいでしょう。
・席を班のかたちにして、グループで行うこともできます。

先生の言葉を繰り返そう！

24 繰り返し！

ねらい 他者の言葉を正確に聞き取る

❶言葉を繰り返す

 先生が「繰り返し！」と言った後の言葉だけ繰り返して言いましょう。
繰り返し！　今日はいい天気ですね。

  今日はいい天気ですね。

明日も晴れるといいな。

 …‥…。

 そう。その調子です。

明日も晴れると
いいな

……

❷間違えたら座る

 全員起立。では、ここからは、間違った人が座ります。
繰り返し！　今日も宿題をきちんとやろう。

 今日も宿題をきちんとやろう。

出したものは片付けよう。

 出したものは片付けよう。
……あっ。

 間違えた人は、座りましょう。
（活動後）最後まで残っている人に、
拍手を送りましょう！

繰り返し！
今日も宿題を
きちんとやろう

今日も宿題を
きちんとやろう

ADVICE！ ・教科書の文章でもまねをすることができます。その場合は、詩など、短い文
で行うことが適しています。

25 上下左右を聞き取ろう！ マス目の冒険

ねらい 言われた言葉を正確に聞き取る

❶マス目を指さす

ノートを開き、右上のマスを指さします。
先生が、上下左右を言うので、言われたほうに指を動かしましょう。
左下のマスにたどり着ければ合格です。
左。下。下。右。

右だな……。

右

❷教師の言葉に沿って進む

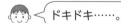
下。左。左。下。左……

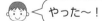
ドキドキ……。

下。……ゴール！　今、左下のマスにいれば合格です！

やった～！

合格できた人？
(挙手) すばらしい！
よく聞くことができていましたね。

下

……ゴール！

やった～

ADVICE！ ・「東」「西」「南」「北」でも可能です。4年生以上で実施するといいでしょう。

26 手のひらうなずき
手のひらが見えたら、大きくうなずこう！
ねらい うなずくタイミングについて考える

❶手のひらが見えたらうなずく

 前に出て、1人に話をしてもらいます。
テーマは、「好きな休日の過ごし方」です。やってくれる人？（挙手・指名）
先生は、Aさんの後ろに立ちます。聞いている人は、先生の手のひらが
見えたらうなずきます。両手が見えたら、大きくうなずきます。

 私の好きな休日の過ごし方は、1日中昼寝をすることです。

 （手を挙げる）

 ふむ。

❷うなずいてもらった感想を聞く

 新しく買った枕のおかげで、よく眠ることができるのです。

 （手を連続して挙げる） ふむふむ。

 みなさんも、時間があるときは、ぜひ昼寝をしてみてください。

 （両手を挙げる） ふむ！

 Aさん、みんなにうなずいてもらって、
どう感じましたか？

 ちゃんと聞いてもらえているように感じら
れて、とてもうれしかったです。

 聞きながらうなずいてもらえると、話している
人は、安心感を覚えることができるのですね。

ADVICE！ ・おかしなところで手を挙げることにより、子どもたちに疑問を抱かせ、正し
いうなずきのタイミングについて考えさせるようにするのもいいでしょう。

27 説明文に、あいづちを打とう!
説明文あいづち
ねらい 説明に対する反応の仕方を考える

①あいづちのセリフを考える

 説明文のコピーを配ります。
ここに、あいづちのセリフを書き加えてみましょう。
(活動後) ペアで読み合います。ジャンケンで勝った人が、説明文を読みます。
負けた人は、書いたあいづちを読み上げます。

 「じどうしゃには、いろいろなものがあります。」

 へえ、そうなんだ。

 「バスは、たくさんの人をは こぶためのじどうしゃです。」

乗ってみたいな。

②説明文にあいづちを打つ

 みんなでやってみましょう。今から先生が説明文を読みます。
書き込んだあいづちを読んでみましょう。
「このじどうしゃの中には、ざせきやつりかわがあります。」

 なるほど、すごいな〜。

 (活動後) ここまでにしましょう。
今のように、話を聞くときには、相手の話のキリのいいところで、自分の思ったことを口にしてみてもいいですね。これを、「あいづち」と言います。

ADVICE! ・書いていない即興のあいづちも打っていいことにします。

28 聞き方コピー

いい聞き方をまねっこしよう！

ねらい 友だちのいい聞き方をまねする

❶聞き方をまねする

 聞き方の見本になる人として、1人、前へ出てきてもらいます。
それを、みんなでコピーします。
では、前に出たい人はいますか？ （挙手・指名）Ａくん。
それでは、先生が話をしますね。「昨日の帰り道、木枯らしが
吹いていました。それを見て、もう、秋が来たんだなと思いました。」

 ふ〜ん。

 ふ〜ん。

❷聞き方についてふりかえる

 「イチョウの木も、黄色く色づいてきましたね。」

 へぇー！

 へぇー！

 そこまでにしましょう。
やってみて、どう感じましたか？

 普段自分がやらないような聞き方を
していて、おもしろいなと思いました。

 よくうなずいていて、そんな聞き方もあるんだなと感じました。

 そうですね。
自分がいいなと思った聞き方を、これからも続けてみるといいですね。

ADVICE！ ・指名するときには、普段の聞き方が上手な子を選ぶようにしましょう。

29 1つの言葉で100の反応！
いろんな「はぁ」
ねらい 言葉の伝え方と意味について捉える

❶ペアで話に合う「はぁ」を返す

 となりの人と話をします。その際、「はぁ」と返してみましょう。どんな言い方でも構いません。話に合う表現の「はぁ」を返してください。ジャンケンで勝った人は、「最近、1番笑った話」をします。負けた人は「はぁ」を言います。

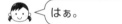 この間、とってもおもしろいことがあったんだよね。

はぁ。

飼っている犬がね、椅子に飛び乗って、クルクルと回った後に落っこちたんだよ。

 はぁ～！？（笑）。

❷前で代表者が話をする

 代表の人に話してもらいます。前で話したい人はいますか？（挙手・指名）

この間、とっても笑った話があってね。 はぁ。

おばあちゃんの入れ歯が飛んでいって、おじいちゃんの頭にのったんだ。

 はぁ～！？

 （活動後）やってみて、気付いたことはありますか？

同じ言葉でも、表現の仕方によって、いろいろな意味を伝えることができるのだと分かりました。

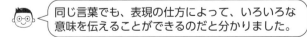

ADVICE! ・「はぁ」以外でも、「ひぃ」「ふん」「へぇ」「ほぉ」などでも楽しむことができます。

反応を返すあそび⑤

30 いざ、聞き方で勝負しよう！
聞き方審査員
ねらい よりよい聞き方について考える

❶聞き方について審査員を設ける

みなさんの聞き方を、3人の審査員に見てもらいます。クラスを半分に分けます。窓側チームと、廊下側チームです。では、審査員になってくれる人はいますか？　（挙手・3人指名）先生が話をします。審査員の人は、話が終わった後、よく聞けていると思ったほうへ手を挙げてください。
「今日は図書室へ行きます。本を2冊借ります。最近、借りた後に、本を雑に扱う人がいますので、きちんとしまうようにしましょうね。」

忘れないようにしよう。

本は2冊
借ります

忘れないように
しよう

❷判定の結果を発表する

それでは、結果発表をしてもらいましょう。審査員の3人は聞き方がよかったほうに手を挙げてください。どうぞ！　（挙手）廊下側チームの勝ちです！

やった〜！

選んだ理由を答えてもらいましょう。
どうして、廊下側チームに手を挙げたのですか？

目を見て話を聞いていたからです。

大事なところで、あいづちを打っていたからです。

なるほど、それはいい聞き方ですね。

聞き方がよかったほうに
手を挙げてください

大事なところで、
あいづちを打って
いたからです

ADVICE！　・前で話す役割を、子どもに任せるのもいいでしょう。

言われた言葉を正確に伝えよう！

31 伝言ゲーム

ねらい 人から聞いた話を正確に他者へ伝えられるようになる

❶言葉を前から後ろへと伝える

 先生が列の1番前の人に言葉を伝えます。聞いた人は、後ろの人へと伝えます。正しく伝われば、その列はOK。正解した列が優勝です。
では、先頭の人は前へ出てきてください。
（小さな声で）「犬が歩いていて、棒にバーンと当たる。」です。

「犬が歩いてポーンと棒に当たる。」

なるほど、了解。

❷答えを確認する

「犬が走って道にぶち当たるんだよ。」

えっ？　何それ？

 そこまでにしましょう。では、
1番後ろの人は、発表してください。

「犬が走って道にぶつかる……。」

 う〜ん、惜しい！　不正解です。
正解は、「犬が歩いていて、棒にバーンと当たる。」です。
正解するためには、前の人の言葉をよく聞くことが大切ですよ。
もう一度やってみましょう。

ADVICE！　・知っている言葉から、徐々に聞き取りにくい言葉へと難易度を上げていきます。

32 相手に詳細を尋ねよう！
質問マスター
ねらい 詳しく質問する方法を学ぶ

❶5つの項目を尋ねる

 休みの日には何をしていましたか？
休みの日にあったことを、となりの人に詳しく聞いてみましょう。
「いつ」「どこで」「だれと」「何をしていて」「どうなった」の
5個を聞けたら満点です！　メモをしながら聞いてみましょう。
制限時間は1分です。

 休みの間は、どこへ行ったの？

 キャンプに行ってきたよ。

❷聞き取った成果を確認する

 だれと行ったの？　　 家族だよ。

 そこまでにしましょう。5つとも聞き取れた人はいますか。
（挙手）すばらしいです。発表できる人？（挙手・指名）

 Aさんは、土曜日、家族みんなでおばあちゃんの家に行って、畑仕事を手伝い、畑をきれいに耕したそうです。

 Bくん、すばらしい聞き取りができていますね。拍手を送りましょう。
このように人の話を聞くときには、5点について明らかになるように質問してみるといいですね。

ADVICE！　・高学年の場合は、メモを用意させ、メモをする練習にするのもいいでしょう。

33 しりとり列車
答えを覚えてしりとりしよう！

ねらい 人の話に耳を傾けるようになる

①しりとりをつなぐ

 班でしりとりをします。班長からスタートします。
ただし、前の人が言った言葉を繰り返してから自分の言葉を言います。
言えなくて5秒間黙ってしまったり、間違えたりするとアウトです。
間違えた人から、もう一度始めます。

しりとり。

しりとり。りんご。

しりとり。りんご。ゴリラ。

②間違えた人から、もう一度始める

しりとり。りんご。ゴ……？

5、4、3、2、1……ブー！

（活動後）間違えずにできた人
はいますか？

は～い！

すばらしい！　間違えずに言うためには、
友だちの言葉をしっかりと聞いていなくてはいけませんね。

ADVICE！　・時間があるときには、代表者4〜5人を募り、勝負させてみるといいでしょう。

34 それって、どんな形なの!? 図形当てっこ

ねらい 言われた形を聞き取り、表現する

❶図形について説明する

 となりの人とジャンケンをします。負けた人は、顔を伏せます。先生がある図形を見せます。ジャンケンに勝った人は、その図形を説明します。ジャンケンに負けた人が正しく描ければ OK です。制限時間は 2 分間です。では、図形を見せますよ。こんな形です。

なるほど……。

❷正解を確認する

 丸と三角と四角があるよ。三角が真ん中。

 おでんみたいな形かな。

 そうそう。それで、どれもちょっとずつ重なっているんだ。

 (活動後) では、正解を見てみましょう。

 わあ、全然違う!

 正しく描けた人はいますか?

 は～い!

 すごい! 友だちの話を注意して聞いていたのですね。それでは、交替しましょう。

丸と三角と四角があるよ。三角が真ん中

おでんみたいな形かな

ADVICE!
- 問題として黒板に描く形は、丸、三角、四角などを組み合わせたシンプルな形にしましょう。
- 慣れてきたら太陽と雲の形など、複雑な絵にもチャレンジさせます。

レイアウトを覚えきろう！

35 レイアウト聞き取り

ねらい 話を聞き、全体像を書き取れるようになる

❶レイアウトを伝える

 紙を配ります。ペアの人との間にノートを立てます。
ペアの1人が、相手のお気に入りの場所の形を尋ねます。
聞き取った場所の形を、紙に描いていきます。
公園でも、習いごとの場所でも、自分の家の部屋などでもOKです。
となりの人とジャンケンをします。負けた人から質問をします。

 僕のお気に入りの場所は、近所の公園です。
南側に、大きな滑り台の遊具があります。

 ほかには、どんなものがありますか？

西側に、四角い砂場があります。

❷答え合わせをする

 では、答え合わせをしましょう。

 （見せながら）こんな感じ？

 ……全然違う！

 正しく描くことができた人はいますか？（挙手）すごい！
きちんと聞くことができているのですね。
では、役割を交替しましょう。

ADVICE! ・低学年では、場所を表す位置について、東西南北ではなく、上下左右の言葉で表すようにします。

聞いて覚えるあそび②

36 言われた文章を正確に書けるかな!?
カンペキ聞き書き
ねらい 言葉を正確に聞き取れるようになる

❶言われた言葉を正しく書く

ノートを開きます。先生の言う通りに書きましょう。カギカッコなどまで、完璧に聞き取ります。すべて聞き取ることができるでしょうか？
カギカッコ、だんらくとだんらくのつながり、カギカッコとじる、をかんがえながら、よもう、まる。

書けた！　合っているかな……？

❷答え合わせをする

では、答え合わせをします。正解は、こうです。（黒板に正解を書く）
「段落と段落のつながり」を考えながら読もう。

やった〜！　合っていたぞ！

ADVICE!
・内容を伝えながら、教師も子どもたちに対して裏に向けたミニ黒板に同じ文章を書くようにすると、臨場感が出ます。
・連絡帳に書かせる内容でやることにより、日常化することができます。

抜き打ちの聞き取りテスト、答えられるかな?

37 いきなり聞き取りテスト

ねらい いつでも聞く意識をもたせる

❶メモ用紙を配付する

(全校朝会の後に)校長先生の話を聞き取れていたかどうかを、テストします。
相談は禁止です。3問あります。メモ用紙に書きましょう。
第1問　校長先生はあることを大切にしましょうと言いました。
　　　　それは何でしょうか?
第2問　校長先生は、最近流行っていて気を付けないといけないことを
　　　　おっしゃっていました。それは何でしょうか?
第3問　校長先生は、ある学年が音楽会に向けて努力していることに
　　　　ついておっしゃっていました。何年生でしょうか?

しまった〜。分からない……。

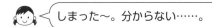

❷答え合わせをする

では、答え合わせをします。①挨拶。②風邪。③4年生。
全問正解できた人はいますか?

は〜い!　全問正解できました!

間違えちゃった〜。

すばらしい!　全問正解の人は、集中
して話を聞くことができていますね。
正解できなかった人は、もっと話の内
容を聞き取れるように気を付けましょ
う。

ADVICE!　・校長先生に知らせておき、答え合わせで登場してもらうのもいいです。子ど
　　　　　　　もは驚き、聞こうとする意識が向上することでしょう。

質問されたことに答えよう！

38 質問シューティング

ねらい 質問内容を覚えて、複数回答をする

❶相手の好きな物を尋ねる

 となりの人とジャンケンをします。勝った人は、相手の好きな物を質問をします。
負けた人は、聞かれたことについて３つ答えてください。
５秒以内で答えられなければ、アウトです。

好きな食べ物は何ですか？

トマト、からあげ、たこ焼きです！

❷勝負がつくまで続ける

 好きな場所はどこですか？

 公園、自分の部屋、え〜っと……。

 アウト！

多く勝つことができた人？
よくがんばりました。
質問に答えるときには、今のように３つほど答えられるようになればすばらしいですね。

ADVICE！ ・「あっちむいてホイ」のようなテンポで、リズムよく進めます。
・高学年の場合は、「私の好きな食べ物は３つあります」と言うように、前置きをした上で答えるようにしてみてもいいでしょう。

39 オウム返し

相手の言葉を全文で返す！

ねらい 話を正確に聞き取ることができるようになる

❶相手の言葉をそのまま返す

 言われた言葉を、そのまま正しく返します。となりの人とジャンケンをし、負けた人は、勝った人の言葉をそっくりまねします。勝った人は、昨日の放課後にあったことを話します。1分間で交替します。

 昨日の放課後は、サッカーに行ったよ。

 昨日の放課後は、サッカーに行ったよ。

 シュートを3本決めたよ。

 シュートを4本決めたよ。

 ブー！ 3本だよ！

 1分たちました。役割を交替しましょう。

❷代表者の言葉を返す

 前でやってみたい人はいますか？ （挙手・指名）Aくん。

 図書館へ行ったよ。 図書館へ行ったよ。

 なぞなぞの本を、3冊借りて帰ったよ。

 なぞなぞの本を、3冊借りたよ。あっ。

 （活動後）そこまでにします。正しくまねることができた人？ （挙手）
まねするためには、耳でしっかりと聞いていなければできないのです。

ADVICE！ ・早口で言うようにすると、難易度が増します。

絵本を聞いて、クイズに答えよう！

40 絵本クイズ

ねらい 絵本の細かな内容を覚える

❶絵本からクイズを出題し合う

先生が絵本を読みます。後で、ペアでクイズを出し合います。
何のクイズを出すのか、考えておきましょうね。
（絵本を読んだ後）では、ジャンケンで勝った人は、絵本の内容からクイズを
出します。負けた人が答え終わったら、もう一度ジャンケンをしましょう。
まずは練習してみます。ネコは、何万回死んでしまうでしょうか？

100万回です。

正解！

❷代表者がクイズを出題する

では、前で代表してクイズを出したい人はいますか？（挙手・指名）

主人公のネコが結婚したネコは、何色でしょうか？

ベージュです。

違います。白色です。

（3人ほど出題した後）難しい問題を出
すことができていましたね。絵本を
聞くときには、話の細かいところま
で聞き取りながら、想像をふくらま
せて聞くようにしましょうね。

ADVICE！ ・毎回やると、覚えようと必死になるため、絵本のおもしろさが感じられなく
なるおそれがあります。時々やるくらいにとどめましょう。

スピーチを高度にするための 6 つのテクニック

　朝の時間に「スピーチ」の時間を設けているクラスは多くあるかと思います。テーマをあたえるだけではなく、「話し方の課題」もあたえて話をさせると、話し方の技術が向上していきます。次の課題を提示してみましょう。

❶実物を使う
　テニスならばラケット、音楽ならば楽器など、実物を持ってきて見せながらスピーチします。

❷黒板を使う
　黒板に、文字や簡単な絵を描きながらスピーチします。原稿には、板書計画を書き込みます。

❸クイズを含める
　スピーチの合間に、クイズをはさみます。三択や四択クイズ、〇×クイズなどをします。

❹実演する
　スピーチの内容を、身ぶりなどを含め、実際に演じてみせます。動きながら話すことで、話の内容を分かりやすくします。

❺ナンバリング
　「3つあります。1つ目は、〜」など、いくつかの項目があることを提示した上で話します。

❻動作をつける
　歩いたりジェスチャーを取り入れたりして、動作を交えながら話します。

　課題を一通り行った後、「これまでに学んだ技を使ってスピーチしてみよう」と技術を自由に選択できるようにします。自分の話す内容に合った動きを取り入れながらスピーチさせます。
　このようにして、技術を教え、技術を組み合わせさせることにより、スピーチ技術を高めていけるようにしましょう。

Chapter

3

書く
国語あそび

書くことは、苦手な子どもにとっては
ハードルが高いもの。
楽しく書けるかどうかには、
「テーマ設定」や「書かせ方」が
重要となります。
どんどん書きたくなるような
アクティビティを紹介します。

5分でどこまで書けるかな？

41 5分間作文

ねらい 制限時間の中で素早く文章化できるようになる

❶5分間で作文を書く

 ミニ原稿用紙を配ります。「お気に入りの場所」について書きます。5分間で、どこまで書けるでしょうか？

 書けました！　2枚目を書きます！

私は3枚目です！

5分間で、どこまで書けるでしょうか？

❷友だちと発表し合う

 5分が経過しました。では、となりの友だちと読み合ってみましょう。

 「僕のお気に入りの場所は、公園です。どうしてかと言うと、野球の素振りの練習ができるからです。」

 「私のお気に入りの場所は、家のトイレです。なぜなら、ホッとできるからです。」

 この短い時間で、2〜3枚目まで書くことができた人もいました。よく文章を考えることができていますね。

書けました！
2枚目を書きます！

取りにきましょう

ADVICE!
・巻末p.132〜133に、81マス、144マスの原稿用紙を載せてあります。B5サイズで印刷し、カットすると、ちょうどいい大きさになります。
・印刷するときは、400枚程度まとめてやっておきましょう。教室にストックしておけば、ちょっとした感想を書くときにも使えるので便利です。

たくさん書くあそび②

書けば書くほど、花丸が進化する!?

42 進化花丸

ねらい たくさんの分量を書く意識をもたせる

❶花丸の基準を伝える

今回宿題として出している作文ですが、
1ページ増えるごとに花丸が進化していきます。
できるだけ多く書けるように、がんばってみてください。

そうなんだ。今回は、ちょっと長く
書けるようにがんばってみよう。

❷子どもの前で丸をつける

（休み時間）はい、では、丸つけをしま〜す。

あっ、茎つきだ！

僕のは花瓶つきだ！

私はチョウチョも描いてもらえたよ！

いいな〜。
来週は僕もがんばってみようかな！

ADVICE！　・長期間にわたって行うと、長々と文章を書くだけになるおそれがあるので、よくありません。2〜3週間にわたって、キャンペーン的に行うことが望ましいでしょう。

43 数字をいくつ入れられる!?
数字作文

ねらい 数字を取り入れて作文を書く

❶作文の中に数字を入れる

 数字を入れて作文を書きます。
いくつ入れることができるでしょうか？

 「きのう、牛乳を5分で2本飲みました。
10分たってから、20分ほどゲームをしました。……」

 「今日の算数の時間、Aくんが4回
手を挙げました。2回当てられて
いました。15秒くらい話していま
した。」

数字を入れて
作文を書きます

「きのう、牛乳を5分で
2本飲みました。
10分たってから、20分ほど
ゲームをしました。……」

❷数字の個数を確認する

 そこまで。となりの人と発表し合いましょう。
（活動後）いくつ入れることができましたか？
1つの人？　2つの人？（順に尋ねる）

 私は10個入れられました！

 僕は17個入れたよ！

 すばらしい！
作文の中に数字が入ると、具体的
なイメージがわいてきますね！

「……Aくんが4回手を挙げました。
2回当てられていました。
15秒くらい話していました。」

ADVICE!　・作文の中では、漢数字で表せるようにします。

44 音作文

聞こえた音は、こんなのでした！

ねらい オノマトペの表現方法を学ぶ

❶聞こえてきた音を書く

 耳を澄ませましょう。聞こえてきた音を、ひたすらに書きます。2分間でどこまで書くことができるでしょうか？

 何の音が聞こえるかな〜？

 あっ、聞こえてきた。
「トントン。カキカキかちゃパリガチャポッキンコトコトぽりんトトトトトトトハチッドカーンバッシーンパチントントン……」

聞こえてきた音を、ひたすらに書きます

「トントン。カキカキかちゃパリがチャポッキン……」

❷クイズにしてペアで話し合う

 それが何を表しているのか、クイズにします。

 「トトトト」は、何を表しているでしょうか？

 ……人が歩く音？

 ブー。外の工事の音。

 音を言葉で表現する。これを、オノマトペと言います。
作文のところどころにはさむことができれば、表現がより豊かになりますよ。

「トトトト」は、何を表しているでしょうか？

……人が歩く音？

ブー。外の工事の音

ADVICE! ・このあそびの後で、観察系の作文を書かせる際には、オノマトペに着目させるようにしましょう。

短い時間を長く書く！

45 虫めがね作文

ねらい 短い時間のことを、詳しく長く書けるようになる

❶教師が動いて見せる

 短い時間のことを、できるだけ長く書いてみましょう。
今から先生が、ある動きをしてみせます。そのことを書きましょう。
（廊下から教室に入り、教科書を開いて閉じ、ため息をつく）
これで終わりです。ここまでのことを書きなさい。

 えっ、それだけ？

 難しいな〜。

❷出来事をふくらませて作文を書く

 「先生が、教室に入ってきました。それで、「ふぅ」とため息をつきました。
僕は、「ああ、先生は寝不足なのかな。」と思いました。もしかして、夜遅
くまで丸つけしていたのかな。」

 今のように、短い時間の出来事でも、
長く書くことができるのです。
みんなの作文を読むと、休みの日に
あったことをすべて書こうとしてい
る人がいますが、それは、読んでい
てもおもしろいものではありませ
ん。そうではなくて、今書いたよう
に、心に残る出来事を中心にして、
できるだけ詳しく、自分の考えと一
緒に書けるようにしてみましょう。

「先生が、教室に入ってきました。
それで、「ふぅ」とため息を
つきました。僕は、「ああ、
先生は寝不足なのかな。」と
思いました。もしかして、
夜遅くまで丸つけしていた
のかな。」

ADVICE!
・「昨日、遊園地に行きました。楽しかったです。」などのように、短い作文し
　か書けない子どもが多いときに有効です。

「大」の字はいくつ入った!?
46 大入り作文

ねらい 指定された言葉を入れながら作文を書く

❶大の入った文を書く

作文の中に、「大」を入れます。3つ入れられたら6年生レベル。
5つ入れられたら中学生レベル。7つ入れられたら高校生レベル。
10個入れられたら大学生レベルです。
さて、いくつ入れることができるでしょうか?
5分間時間をとるので、昨日の放課後の出来事を書きましょう。

「昨日は、僕の大好きな大根を食べました。大きくて、大柄な人しか食べられないサイズです。」

❷となりの人と発表し合う

そこまでにします。書いた文を、となりの人と発表し合いましょう。

「大きな大仏について考え、大部分の時間を費やしました。」

えっ……。

(活動後)いくつ書くことができたのかを確認します。
3つ書けた人?　5つ書けた人?
7つ書けた人?　それ以上の人?
(挙手)すごい!

ADVICE!　・「小」の入った作文を書くのもおもしろいです。「中」は難しいですが、この
テーマで作文を書くことに慣れてきた頃にやってみるといいでしょう。

47 R作文

語尾をRでしめくくろう！

ねらい おもしろい語尾で文章をまとめる

❶Rを入れて作文を書く

 すべての文をR（あーる）で終えます。
「〜したのでR。びっくりしたのでR。」というようにです。

 「昨日は、お買い物に行ったのでR。白菜と鶏肉を買ったのでR。晩ごはんは、お鍋でR。とってもおいしかったのでR。」

すべての文を
R（あーる）で
終えます

「……晩ごはんは、
お鍋でR。とっても
おいしかったのでR。」

❷代表者が発表する

 となりの人と発表し合いましょう。
（活動後）それでは、代表して発表できる人はいますか？
（挙手・指名）Aくん！

 「体そう教室に行ったのでR。さかあがりをしたのでR。回っていると、目が回ることがR。」

 おもしろいな〜！

 Rの使い方が、とってもおもしろいですね！

「……さかあがりを
したのでR。回っていると、
目が回ることがR。」

おもしろいな〜！

ADVICE！　・Y（わい）作文も可能です。「したのだY。どうすればいいのか、分からないY。」というように。

言葉の意味を予想しよう！

48 予想作文

ねらい 言葉の意味や読み方について推測する文を書く

❶言葉の意味を予想して書く

「海老」という言葉があります。
さて、どうして「海の老（人）」と書くのでしょうか？
意味を予想して書きましょう。

やっぱり、腰が曲がっている
からじゃないかな～。

確かに、おじいさんっぽいね。

❷みんなで予想を発表し合う

「エビが海老と書かれる理由を想像しました。僕が考えた理由は、
3つあります。1つ目は、腰の曲がり方です。2つ目は、……」

詳しくまとめることができました。
実際には、エビはひげを蓄え、体が丸くなっ
た老人に似ていることから、長寿を祝う意味
を込めて「海老」となったそうです。

へえ、そうなんだ！

ADVICE！　・ほかにも、「二枚舌」「空蟬（うつせみ）」「まほろば」「曙（あけぼの）」「微
睡む（まどろむ）」「黄昏（たそがれ）」「小春日和（こはるびより）」などの
お題が適しています。

49 ウソ作文コンテスト

すべて真っ赤なウソでした！

ねらい 想像をふくらませてウソの作文を書く

❶ウソの作文を書く

 ウソの作文を書きます。どれだけすごいウソが書けるかな？
作文の最後は、「……というのは、真っ赤なウソです。」で
しめくくりましょう。

 どんなウソにしようかな〜。

ひらめいた！

❷作文を発表する

 発表できる人はいますか？（挙手・指名）

 「昨日、家へ帰ると、お母さんが犬になっていました。とりあえず散歩に
行きました。ドッグフードをあげても、食べません。でも、お茶漬けは食
べました。……というのは、真っ赤なウソです。」

 あはは〜！　おもしろいね！

 う〜ん、すごい発想だ！

ADVICE！　・友だちのアイディアを共有させれば、さらにいろいろなウソ作文が生まれます。
・筆が進まない子どもには、「家に帰ったら○○がいました。」「朝、目が覚
めると○○にいました。」など、おもしろおかしい書き始めをすすめてあげ
るといいでしょう。

50 この絵は、何て言ってるの!? ふきだし大喜利

ねらい ユニークな話し言葉を考える

❶絵を見てふきだしをうめる

 絵の中の人を見ましょう。どんな気持ちなのでしょうか？ ふきだしの中に、言葉を入れましょう。

 悲しそうだな〜。……何だろう？

ふきだしの中に、言葉を入れましょう

悲しそうだな〜。……何だろう？

❷代表者が発表する

 書いたものを、となりの人と発表し合いましょう。聞く人は、「ねぇ、どうしたの？」と尋ねます。

 ねぇ、どうしたの？

 お腹が空いたよ〜！

 （活動後）みんなの前で発表したい人？（挙手・指名）さん、はい。

 ねぇ、どうしたの？

 私のプリンがなくなってるー！

 あはは〜、おもしろい！

 ほかにも発表したい人はいますか？

ねぇ、どうしたの？

私のプリンがなくなってるー！

ADVICE!
・巻末p.134〜136に3例の絵を載せています。
・1人2枚程度書くことができるように、多めに印刷しておくようにしましょう。
・クラスの空気が硬直しがちな長期休み明けに最適のあそびです。

51 なりきり文句作文

「物」になりきり、プンプン怒ろう！

ねらい 物になりきって発言を想像する

❶なりきって作文を書く

文房具になりきって、怒った作文を書きます。先生は、胸ポケットに入っているペンの気持ちになりきりました。
「私は、M先生のペン。いつもシャツのポケットに入れられている。いったいどうしてなんだ。ほかのみんなは、筆箱に入れられているというのに。お気に入りなのはうれしい。でも、たまにはゆっくりまったりと、筆箱の中で休みたいときもあるんだよ。」
文房具なら、何でもOK。消しゴムや、ものさしなんかもいいですね。

「私は、M先生のペン。いつもシャツのポケットに入れられている。……」

何になりきろうかな〜！

何になりきろうかな〜！

❷いろいろなペアで伝え合う

立ち歩いて、ペアをつくります。
書いたものを読み合いましょう。

「私は、Aくんの消しゴム。もう、いいかげんにしてほしい。あっちこっちに落っことすから、体じゅうがいたくてしかたがない。使った後は、きちんと筆箱にもどしてよ！」

「私は、Aくんの消しゴム。もう、いいかげんにしてほしい。……」

とってもおもしろいね！

とってもおもしろいね！

（活動後）座りましょう。では、前に出て発表できる人？（挙手・指名）

ADVICE！

・「なりきりありがとう作文」「なりきり悲しみ作文」など、様々な感情でやってみましょう。
・「なりきり登場人物」として、登場人物になりきるのもいいでしょう。「今日は、ごんを撃ってしまった……何て日だ！」というように。

52 つながりを想像して書こう！
風が吹けば桶屋がもうかるゲーム

ねらい 物事の関連性をつなげられるように書く

❶はじめと終わりの文をつなげるように連想する

「風が吹けば桶屋がもうかる」という言葉があります。（書きながら解説）
このように、つながらなさそうな言葉をつなげてみましょう。
お題は先生が出します。右端の言葉からスタートして、左端の言葉にゴールできたらOKです。できた班は、ちがうパターンを考えてみましょう。
テーマは「花瓶を割ると、チョコレートがもらえる」です。

花瓶を割ると……怒られる。

怒られると……掃除をがんばる。

テーマは「花瓶を割ると、チョコレートがもらえる」です

花瓶を割ると……怒られる

怒られると……掃除をがんばる

❷班ごとにできた文を発表する

掃除をがんばると……ほめてもらえる。

ほめてもらえると……チョコレートがもらえる。できた！

（活動後）
できた文を発表してみましょう。
（挙手・指名）では、2班！
（活動後）
きちんとつながりましたね！　拍手！

掃除をがんばると……
ほめてもらえる

ほめてもらえると……
チョコレートが
もらえる。できた！

ADVICE！
・ほかのお題は、「お茶を飲めば、キムチ屋がもうかる」「暑くなれば、こたつが売れる」「魚を食べれば、牛が悲しむ」など。
・「次のお題は、何にする?」と尋ね、子どもにお題を考えてもらうのもいいでしょう。

53 パロディ作文

お話をちょこっと書き換えちゃおう！

ねらい まねして書くことから文章の展開や書式について学ぶ

①教科書のお話を、おもしろおかしく書き換える

教科書のお話をおもしろおかしく書き換えます。
設定を一部分だけ書き換えてしまうのです。例えば、次のようにです。
「おばあさんが川で洗濯していると、どんぶらこどんぶらこと大きなスイカが流れてきました。おばあさんはスイカを持って帰り、包丁で切ると、中から男の子が出てきました。その子を、スイカ太郎と名づけました。」

なるほど。
どのお話を書き換えようかな？

②自分だけのパロディ作文をつくる

では、それぞれ教科書を見ながら書いてみましょう。

「白い雲のあたりから、何か一直線に落ちてきました。「UFOだ。」UFOの群れは残雪に導かれて、じつに素早い動作で、エイリアンの目をくらませながら、飛び去って行きます。」

あはは。「大造じいさんとガン」の話が、とんでもないことになった！
それ、おもしろいね！

では、そこまでにしましょう。
書いた文章は、
次回の授業で発表してもらいますよ。

ADVICE! ・文章を書き写す中で、原稿用紙のマス目やカギカッコの使い方など、作文を書く際の注意点に気付かせるようにしましょう。

54 こんなことにも使えそう！ 何に使えるか作文

ねらい 物の使い道を考え、表現方法を工夫する

❶トイレットペーパーの芯の使い方を考える

 これが、何か分かりますか。そう、トイレットペーパーの芯です。今日は、これが、芯ではなくて、ほかの何に使えるのかを考えます。班の人と相談してみましょう。

 2つあれば、双眼鏡になるかな？

 切り離せば、草履になるかも！

 では、作文にまとめてみましょう。

❷班ごとにベストな使い方を発表する

 では、使い方についての作文を班ごとに発表しましょう。

 「ボーリングのピンにして遊びます！ 10本並べて、ボールを転がします。倒れた数であそびます。すぐ倒れるので、小さい子にもおすすめします。」

 なるほど、それは楽しそうですね。
（全班発表する）

ADVICE！ ・ほかにも、ノート、三角定規、コンパス、ティッシュの箱、鉛筆の削りカスなどを題材にして行うことができます。

55 カード交換作文

言葉を合わせて、おもしろい文を完成させよう！

ねらい 文を書き分け、それぞれの役割に気付く

❶ 4つのパートの言葉を考える

 1人に1枚、カードを配ります。
担当を決め、「いつ」「どこで」「だれが」「何をした」を書きます。
班で1人ずつ順番に各パートを発表していきましょう。

「3年前」

「山の上で」

「お母さんが」

「スクワットをした。」
何だこれ〜？(笑)

❷班の代表者が文を発表する

班の代表者が文を発表してください。

昨日、道で、犬が、転げ回った！

何それ〜！

とってもおもしろいですね。
では、書くパートを変えて、もう一度やってみましょう。紙を裏返して書きます。
(活動後)このように、文を書くときには、「いつ」「どこで」「だれが」「何をした」まで考えて書くことができるといいですね。

ADVICE！ ・5人班の場合は、「どのように」を加えるといいでしょう。

56 シークレットフレンズ作文

友だちのいいところをこっそり作文にしよう！

ねらい 1日を通して書き続けることを楽しむ

❶友だちについて作文を書く

 原稿用紙を配ります。用紙欄外の右端に、自分の名前を書きましょう。
（活動後）では、回収します。（回収後）原稿用紙を、もう一度、配ります。
そこに書かれている名前の人を観察して、作文にしましょう。
いいところを、たくさん見つけるようにします。
ただし、本人にはバレないように観察しましょう。

 おっ、Aくんのいいところを見つけたぞ！

おっ、Aくんのいいところを見つけたぞ！

❷作文を発表する

 （帰りの会）書いた文を、本人に発表しましょう。

 「Aくんは、係の仕事でプリントを配ってくれています。
給食をこぼしてしまった子のために、サッと動いてあげていました。
かっこいいな。私も見習おうと思いました。」

 わあ、ありがとう！

 （活動後）では、原稿用紙を
回収します！

「……給食をこぼしてしまった子のために、サッと動いてあげていました。かっこいいな。……」

ありがとう！

ADVICE！ ・稀に、相手を傷つけるような文章を書く子どもがいます。作文は、必ず一度
回収して、すべてに目を通してから返却しましょう。

57 風景を捉えて描写しよう！
デッサン作文

ねらい 状況を描写する力を身につける

❶言葉で表現したい風景を選ぶ

「デッサン」を知っていますか？
描きたい風景を選び、絵を描くことです。
それと同じようにして、風景を言葉で表現してみましょう。
グループで行動します。まずは、表現してみたい場所を決めましょう。

私は、中庭の池でカメを観察してみたいな。

私は、中庭の池で
カメを観察してみたいな

校門から外の景色を見てみようよ。

❷風景を書く

場所が決まったグループから、移動して言葉で風景について書き始めていきましょう。チャイムが鳴ったら各自休憩です。
休み時間のうちに元の場所へ帰ってくるようにしましょうね。

「校庭の端には、桜の木が立っている。ポツンと1本だけ。何だか、寂しそうにも見えてきた。根元を見てみる。そこには、たくさんのタンポポが咲いていた。まるで桜の木の友だちのようだ。」

「……根元を見てみる。
そこには、たくさんの
タンポポが咲いていた。
まるで桜の木の
友だちのようだ。」

ADVICE! ・小説には、風景の描写がよく出てきます。数冊紹介してから、活動に取り組むとスムーズです。

58 川柳会話

川柳で友だちとつながろう！

ねらい 文を短くまとめてつなげる

❶川柳で会話をする

 川柳を知っていますか。5・7・5の言葉をつなげた文章のことです。
今日は、となりの人と交互に川柳を伝え合うことで、会話をしてみましょう。
ジャンケンで勝った人が先に今の自分や思っていることを書きます。書き
終えたら矢印を描き、次の人へ渡します。次の人は、会話のように5・7・
5で応えます。

 「おなかがね
すいてきたんだ　もうれつに」

 「給食を　見れば今日は
たきこみごはん」

❷質問でつなげる

 「川本くん　君が好きな　給食は？」

 「1番ね　好きな食べ物　カレーパン」

 （活動後）では、用紙を回収します。
上手なやりとりを、先生が読み上
げますね。

ADVICE!
・はじめは代表者と教師で黒板を用いてやってみせ、イメージをもたせます。
・思いつかないときは、班のメンバーから助言してもいいことにします。
・高学年では、短歌に挑戦させるのもいいでしょう。

考えて書くあそび④

59 親指作文
身近なものをじっくり見てみよう！

ねらい 動かないものを見て、書く力をつける

❶自分の親指を観察する

 親指を観察して作文を書きます。
指の形、指紋、爪など、細かなところに注目してみましょう。

 あっ、丸い縞模様がたくさんあるな〜。

シワがいっぱいだ。

❷となりの友だちと読み比べる

 書けたペアから、となりの友だちと交換して読み合ってみましょう。

 「親指を見ました。丸い線がいっぱいです。まるで迷路のようです。
爪は丸くて横に長いです。10円玉くらいのサイズです。」

 たとえ方が、上手だね！

 （活動後）1つのものでも、じっくり見る
ことで、違った見方ができるのですね。

ADVICE！　・親指が書けた人は、人差し指や中指など、他の指についても書きます。親
指との違いに目を向けるように促しましょう。

60 ローマ字作文

ローマ字でかっこよく作文を書いてみよう！

ねらい ローマ字のつづりを復習する

❶ローマ字で作文を書く

 ノートを横に向けます。今日は、ローマ字で作文を書きます。
テーマは「もしも、生まれかわるなら、何の動物になりたいか？」です。

Watasiga umarekawarunara,
tori ni naritaidesu.
Doushitekato iuto, sorawo
tonde mitaikara desu !

ローマ字で
作文を書きます

「Watasiga umarekawarunara,
tori ni naritaidesu. ……」

❷友だちのノートを読む

 友だちのノートを読みましょう。分からないところは尋ねて
みましょう。間違っている場合は指摘しましょう。

 「**zoo**」……？　ぞお？　これ、何て読むの？

 それは「ゾウ」だよ。

 それなら、「**zou**」でしょ。

 あっ、そうか！

 間違うことなく書けた人？（挙手）
正しくローマ字で書くのは、難しいですね。次回は間違わないように気を付けましょう。

「zoo」……？
それなら、
「zou」でしょ

あっ、
そうか！

ADVICE！　・ノートをコピーして壁に掲示すると、英語の文章が並ぶようで、知的な雰囲気が生み出されます。

数え方一覧

　物の数え方は、その特徴により様々です。「これは、どうやって数えると思う?」というようにクイズ形式で出題し、数え方の知識を増やしていきましょう。

家	軒 (けん)	古墳	基 (き)	テント	張 (はり)
イカ	杯 (はい)	昆布	連 (れん)	トランプ	組 (くみ)
椅子	脚 (きゃく)	ざるそば	枚 (まい)	墓	基 (き)
位牌	柱 (はしら)	詩	編 (へん)	箸	膳 (ぜん)
植木	株 (かぶ／しゅ)	しずく	滴 (てき)	花	輪 (りん)
ウサギ	羽 (わ)	数珠	連 (れん)	番組	本 (ほん)
うちわ	本 (ほん)	吸い物	椀 (わん)	干物	枚 (まい)
うどん	玉 (たま)	すだれ	張 (ちょう／はり)	プール	面 (めん)
ウニ	壺 (つぼ)	相撲	番 (ばん)	仏像	軀 (く)
エプロン	掛 (かけ)	川柳	句 (く)	ぶどう	房 (ふさ)
家屋	戸 (こ)	田	面 (めん)	宝石	石 (せき)
鏡	面 (めん)	蛸	杯 (はい)	包丁	丁 (ちょう)
菓子	折 (おり)	たらこ	腹 (はら)	ボート	隻 (せき)
刀	振 (ふり)	短歌	首 (しゅ)	盆	枚 (まい)
川	筋 (すじ)	箪笥	棹 (さお)	鮪	尾 (び)
着物	枚 (まい)	蝶	頭 (とう)	味噌汁	椀 (わん)
キャベツ	玉 (たま)	手紙	通 (つう)	名刺	枚 (まい)
鯨	頭 (とう)	鉄砲	挺 (ちょう)	綿花	梱 (こり)
靴	足 (そく)	手袋	双 (そう)	山	座 (ざ)
木の葉	葉 (よう)	電車	両 (りょう)	洋服	着 (ちゃく)

Chapter

4

読む
国語あそび

読みを深めるためには、
「そのまま読む」だけではなく、
アクティビティをはさみ込むようにすると効果的。
読む楽しさが一層深まって感じられる
あそびを紹介します。

＜

説明文を元通りに戻そう！

61 説明文バラバラ事件

ねらい 説明文の構成について理解する

❶バラバラになった説明文を配付する

教科書の文章を、まとまりごとにバラバラにしました。グループで相談して、正しい順番に並び替えましょう。

この段落は、キツツキ。こっちは、ツル。これは、ペリカンが紹介されているよ。

「例」は真ん中だから……②〜④段落だね。

❷クラス全体で確認する

では、みんなで確認しましょう。前に出て、並べ替えられる人？（挙手・指名）

私たちのグループでは、このように並べました。

どうして、そうしたのですか？

この説明文では「はじめ」と「おわり」に、著者の言いたいことが書かれているからです。

ADVICE！
・子どもたちに配付するものと同じものを、模造紙に拡大して黒板に貼り付けておきます。
・並べ替えた上で、説明文の型について確認するようにしましょう。
・中高学年の場合は低学年教材で実施し、それから自学年の学習に取り組むようにするといいでしょう。

詩にタイトルをつけてみよう！
62 題名クイズ
ねらい 詩の内容を読み取り、題名をつける

❶詩を読み、題名を考える

 さて、この詩を読んでみましょう。
　　落ちては　　消え
　　落ちては　　消え
　　何度でも
　　舞い上げよう
　　虹色に輝く
　　希望のように
題名は、何だと思いますか？
となりの人と話し合ってみましょう。

ロケットじゃないかな？

虹でしょう。

❷クラス全体で考えを伝え合う

 考えを発表してみましょう。

 私は、紙飛行機だと思います。

 どうしてそう思ったのですか？

 なぜなら、子どもにとって紙飛行機は、希望みたいなものだからです。

 そう考えたのですか！　いいですね～。
（活動後）では、本当のタイトルを発表します。「シャボン玉」です。

 あ～、なるほどな～！

ADVICE!　・聞きながら、様々な質問を子どもに返してみましょう。「それって何歳ぐらい？」「子どもかな？」「男の人？」「女の人？」など。

読んで思ったことを書き込もう！
63 教科書書き込み
ねらい 文を読み、感じたことを伝え合う

❶教科書の素材に書き込む

教科書の全文を1つ、プリントとして用意しました。
この紙に、読んで思ったことを赤鉛筆で書き込みましょう。
（活動後）書き込んだことを、となりの人と話し合いましょう。

「二、三日雨がふり続いたその間、ごんは、外へも出られなくて、あなの中にしゃがんでいました。」
2、3日雨が降るって、長いよね。

そんなに長い間、1人でい続けるとさびしかったことだろうな。

❷クラス全体で話し合う

では、クラス全体で話し合ってみましょう。

「ちょいと、いたずらがしたくなったのです。」
ごんは、1人きりでさびしかったから、かまってほしくて、いたずらをしたのだと思います。

それについては、どう思ったかな？

私もそう思いました。
「ちょいと」というところから、ほんのちょっとのいたずらをしかけてやろうという気持ちが感じられました。

なるほどね。今聞いて感じたことも、紙に書き加えていくといいですよ。

ADVICE！
・場面ごとに書き込みを進めていくとスムーズです。
・黒板には、子どもたちに配付するものと同じものを模造紙に拡大して、クラス全体の意見を加えていきます。

読み取るあそび④

読みたい本は、だれの本!?
64 おすすめブックバトル

ねらい 相手が読みたくなるように本をすすめる

❶グループの中で勝負をする

自分が1番おすすめする本をみんなに紹介しましょう。まずは、それぞれ原稿用紙にアピールポイントをまとめます。
(活動後) では、グループで1人ずつ順番に発表します。全員が読み終わったら、1番読んでみたいと思える本を紹介した人を指さします。

私がおすすめする本は、『もったいないばあさん』です。
主人公の男の子が物を粗末にするのを見て、おばあさんが「もったいない」と言うお話です。

❷代表者が勝負をする

では、各グループの発表者は前に出て発表してください。

僕が1番おすすめする本は、『エルマーのぼうけん』です。
この本のおもしろいところを紹介します。
この本では主人公が、りゅうを助けるために、
どうぶつ島へと出かけて……。

(全員発表後) では、もっともいいと思う発表をした人に手を挙げてください。前に出てくれた人は後ろを向いてください。そのほかの人たちは顔を伏せましょう。Aさんと思う人?
(以下、発表者全員の名前を聞く)
結果を発表します。
優勝は……Cさんです!

やった〜!

ADVICE! ・決勝戦に出た子どもの本は、図書室から借りて教室に展示しておくと、多くの子どもが手に取るようになります。

65 一目で分かるように表そう！ マインドマップまとめ

ねらい 読み取ったことをまとめる技術を習得する

❶説明文をマインドマップにまとめる

 説明文を、マインドマップにまとめましょう。まずはノートに「はじめ」「なか」「おわり」の丸を書きます。そこから、それぞれの内容を広げてみましょう。「はじめ」は、どのようなことが述べられていましたか？

 これから説明することの話題と問いかけが書かれています。

❷グループでマインドマップを考える

 「なか」には、3つの例が示されています。内容についてグループで話し合ってみましょう。

 1つ目は、「「王様が当てられてはだめ。」など、当てられてはいけない人」だね。

 2つ目と3つ目は、何だろう？

 「おわり」には、何が入りますか？

 「ボールを投げる人も、よける人も、みんなが楽しめるように、くふうされてきたのです。」……これかな？

 そうですね。
（全体を仕上げた後）このように、マインドマップにまとめることができました。長い説明文でも、図にすれば、1枚にまとめることができるのですね。

ADVICE!
- はじめは、簡単な説明文でまとめ方を教師とともに練習し、それからグループで話し合うようにするといいでしょう。
- 慣れてくると、マインドマップから説明文を書くこともできるようになります。

66 「もしも」の話
もしも〜だったなら？

ねらい 仮定の話から、物語の状況を読み取る

❶ 「もしも」の話を考える

 もしも豆太が本当に臆病だったなら、どうなったかな？
ノートに書いてみましょう。

 もしも豆太が本当に臆病だとすれば、じさまを見捨てて、寝込んでいたと思います。

 （書いた後）となりの人と話し合ってみましょう。

もしも豆太が本当に臆病だとすれば、どうなったかな？

じさまを見捨てて、寝込んでいたと思います

❷ もしもそうだったならどうするかを、友だちと話し合う

 では、発表し合いましょう。

 もしも豆太が本当に臆病だったなら、じさまがおなかを痛めても、ガタガタと震えていたんじゃないかな。

 確かに。もしも臆病だったなら、夜の山は下れないね。

 みんなの考えを聞いて、気付いたことはありますか？

 私は、豆太は臆病だと思っていました。でも、みんなの意見を聞いていると、臆病ではなく、本当は勇気のある子どもなのだなと感じられました。

じさまがおなかを痛めても、ガタガタと震えていたんじゃないかな

豆太は、勇気のある子どもなんだな

ADVICE!　・極端な条件にすることにより、作品の奥深さを感じさせることがねらいです。やみくもにやるのではなく、本文が示す表現に立ち返るようにします。

あなたの読みは、どっちかな!?
67 A対B
ねらい 二項対立から自分の考えを明確にする

❶どちらの立場なのかを考える

 兵十は、ごんの行動についてどう思ったでしょうか? 次の2つから選びましょう。
　　A　ごん、ごめんなさい……。
　　B　ごん、どうして……?
自分の考えを、ノートに書きなさい。（活動後）Aだと思う人?　Bだと思う人?（挙手）では、賛成者の少ないBの人たちから発表しましょう。

 私はBだと思います。なぜなら、兵十にしてみれば、ごんの行動の意味には気付けないからです。

❷自分の意見を伝え合う

 （Bの意見が出終わった後）Aの人は、意見を言いましょう。

 私は、Aだと思います。どうしてかというと、償いの気持ちとは知らずに、ごんを撃ってしまったからです。

 （Aの意見が出終わった後）ここからは、自由に意見を伝え合いましょう。

 僕は、Aの人に反対します。「償いの気持ち」と言っていましたが、そもそも兵十のお母さんが、「うなぎを食べたい」と言ったかどうかは、分からないのです。

 （活動後）話し合って思ったことをノートに書きましょう。

ADVICE!　・対立する意見を発表する際には、「指名なし討論」が有効です。具体的な指導方法については『意見が飛び交う!　体験から学べる!　道徳あそび101』（学陽書房）を参照してください。

68 ふきだし、何て言った？

ふきだしの中に何が入る？

ねらい 会話文を考え、登場人物の気持ちを捉える

❶ふきだしの中にコメントを書き込む

 登場人物に、ふきだしを書きます。
「サーカスのライオン」のじんざは、
空へ飛び立つ間に何と話しているで
しょうか？
言葉を書き入れてみましょう。

 「男の子を守れて、よかった。
サバンナのことを、思い出し
たな……。」

❷考えを友だちと共有する

 では、自分の考えを発表してみましょう。

 「わしがもう少し若かったら、パッと飛び下りることも
できたのに……悔しい……。」と言っていると思います。

 そうかな〜。
男の子のことを救えたんだから、
そんな後悔はしていないと思います。

 様々な考えが出ましたね。友だち
の考えを聞いて、書きたくなった
ら、ふきだしを加えて書いておきま
しょう。

ADVICE! ・様々なふきだしの言葉を発表させた後、「この中で、おかしいと思うものは
あるか？」を考えさせると、討論の授業へつなげやすくなります。

69 視点チェンジ

視点をガラリと変えてみよう！

ねらい 違った視点から読み取り、物語の細部に気付く

❶登場人物の目から、視点を変えて読み取る

登場人物を、物語を語る人物の反対側から見てみましょう。
どう見えてくるでしょうか？　お話を書いてみましょう。
もともとはスーホの視点から、お話が描かれていますが、
馬の目線から物語を捉え、ノートにまとめてみましょう。

「私は白馬。スーホに助けられて、
楽しく毎日を暮らしている。」

❷視点を友だちと共有する

反対側から見たお話を発表してみましょう。

「私はスーホのために、競馬大会へ出ることにした。大好き
なスーホのために、全力で走った。結果は優勝。しかし、殿
様は約束を守らなかった……。」

みんなの文章を聞いて、改めて感じた
ことをまとめましょう。

白馬の側から見ると、スーホを大切に
思う気持ちが感じられました。

ADVICE ! ・視点を変えた後、本文に立ち返ることにより、新たな気付きが得られるよう
にしましょう。

お話の続きは、どうなるのかな!?

70 続きはどうなる?

ねらい 続きに想いを馳せ、作者の文体を模倣する

❶物語の続きを考える

 お話が続くとすれば、どうなるのでしょう?
物語の続きを書いてみましょう。

 「スイミーには、奥さんができて、家族をもちました。でも、そんなところに、大きな魚が、仲間を連れてきた。今度こそ、大ピンチだ。」

物語の続きを書いてみましょう

「大きな魚が、仲間を連れてきた。今度こそ、大ピンチだ。」

❷クラス全体に発表する

 書いたお話を発表しましょう。

 「スイミーは、考えた。とびきり考えた。そうしていきなり、スイミーはさけんだ。「みんな、ワカメを口にくわえろ!」」

 おもしろいな〜!

 「もしも、この先続くとすれば」。これを考えると、想像がふくらみ、とても楽しいですね。

「……そうしていきなり、スイミーはさけんだ。「みんな、ワカメを口にくわえろ!」」

ADVICE! ・作者の文体を模倣して書き進められるように促しましょう。

座標で示すなら、このあたり！
71 座標軸
ねらい 可視化をきっかけとして、読みについて話し合う

❶読み取ったことを座標で表す

ちいちゃんの気持ちの中に、「悲しみ」と「喜び」があるとすれば、どちらでしょうか。
「悲しみ」と「喜び」の座標軸で、ぴったり当てはまるところに矢印を書きましょう。

このあたりかな……？

❷クラス全体で共有する

ノートに書けた人は、マグネットを黒板に貼りましょう。
どうしてそこに貼ったのか、自分の考えを述べましょう。

私は、ちょうど真ん中のあたりだと思います。
ちいちゃんは、死んでしまったので、とても悲しいと思います。
でも、天国でまた家族に会えたので、うれしいと思います。

私は、ちいちゃんは死んだことには気付いていないので、喜びしかないのではないかと思います。

みんなの意見を聞いて、自分の考えが変わった人は、マグネットを移動させましょう。

ADVICE！ ・マグネットを移動させた上で、感想をまとめるようにするとスムーズです。

92

私にとっての1番はここ！

72 1番「○○」な話

ねらい 1番と捉えたことをきっかけに話し合いを深める

❶自分にとっての1番を決める

 次の年、大造じいさんが1番やりたいことは、何だろう？

 残雪をやっつけることかな？

 残雪と戦うことだろうな。

❷1番についてクラス全体で話し合う

 では、それぞれ思ったことを発表してみましょう。

 「残雪と会うこと」だと思います。

 僕は「残雪と戦うこと」だと思います。大造じいさんは、残雪と戦うことそのものを楽しんでいるからです。大造じいさんからすれば、残雪は今までのように倒したい敵ではなく、もう一度戦いたいライバルのような存在なのだと思うのです。

 それぞれ読み取って、感じたことが違うのですね。

ADVICE！ ・ランキングにして、3位までを発表させるのもいいでしょう。
・話し合った後に「先生の見解」も伝えるようにすれば、さらに読みが深まります。

ベン図で表せばこうなるよ！

73 ベン図比べ

ねらい 図解をもとにして、各自の読みについて話し合う

❶読み取ったことをベン図で表す

「ちいちゃんのかげおくり」の「1つだけ」は、2種類あります。
お父さんの「1つだけ」と、ちいちゃんの「1つだけ」は、まったく同じ意味でしょうか？　それとも、違うでしょうか？
お父さんとちいちゃんの「1つだけ」を、ベン図で表してみましょう。

お父さんの言う「1つだけ」のほうが、
より大きな意味をもっていそうだな。

となりの人と、話し合ってみましょう。

❷それぞれの考えをクラス全体に発表する

私は、ちいちゃんとお父さんの「1つだけ」は、まったく違う意味だと思います。なぜかというと、ちいちゃんは、花自体がほしいと言っています。でも、お父さんは、花を含めて、物全体を大切にしてほしいという意味を込めて言っています。だから、2つは全然違います。

僕は、重なると思っています。
なぜなら、大切にしてほしいという気持ちの中に、花も大切という思いが含まれるからです。つまり、お父さんの「1つだけ」の中に、ちいちゃんの「1つだけ」が含まれるのです。

なるほど～。

みんなの意見を聞いた上で、
改めてベン図で表してみましょう。

ADVICE!　・はじめは、たくさんのベン図を並べ、2～4個に集約した上で話し合いをします。

74 説明文マトリクス
説明文を箱に分ける！

ねらい 説明文を「はじめ」「なか」「おわり」に分ける

❶説明文をマトリクスにまとめる

説明文を、マトリクスにまとめます。どのような形に分けられるでしょうか？　グループで話し合いましょう。

「はじめ」は「ほとんど毎日食べている大豆」と、まとめることができるね。

いろいろな工夫が述べられているね。
工夫が5つあるよ。
1つ目は「いったりにたりする」という工夫についてだな。
マトリクスは5つの箱になるな。

❷クラス全体で確認する

では、クラス全体で確認しましょう。

「はじめ」と「おわり」には、「まとめ」が入っていると思います。

（活動後）
このように、説明文はいくつかの箱に分けることができます。
説明文を読むときには、どの箱に入る部分なのか、考えながら読むようにしましょう。

ADVICE！　・活動の後、同じような文章を用意し、1人でもマトリクスに分けられるように練習させるといいでしょう。

お話をイラストにしてみよう!
75 イラスト化

ねらい 読み取った内容をイラストで表現する

❶お話の情景をイラストで表す

「ごんは、ぐったりと目をつぶったまま、うなずきました。」
とあります。このときのごんの表情を描いてみましょう。

にっこり笑顔にしよう。

怒った顔にしてみよう。

❷そのイラストにした理由を伝え合う

どうしてその表情にしたのか、話し合ってみましょう。

僕は、ごんは、悲しんでいると思います。なぜかというと、兵十のために
償いをしていたのに、撃たれたからです。

僕は、笑顔になっていると思います。どうしてかというと、前の場面で、
お礼を言われないことを「引き合わない」と言っていたからです。

あっ、そっか〜。

（活動後）話し合って、もう一度表
情を描いてみましょう。

ADVICE! ・友だちの意見を受けてイラストの表情が変わった子を取り上げてほめ、他
者の意見を取り入れるすばらしさを伝えます。

読んでいる途中で交替しよう！

交替音読

ねらい 途中で交替し、緊張感をもって音読する

❶音読を途中で交替する

教科書を音読します。
「。」で、先生と交替しましょう。
「月のいいばんでした。」

「ごんは、ぶらぶら遊びに
出かけました。」

「。」で、先生と
交替しましょう

「月のいいばんでした。」

「ごんは、ぶらぶら遊びに
出かけました。」

❷交替の仕方を変える

今度は、縦列ごとに交替しながら読みます。
1列ずつ1文交替で読みます。

「中山様のおしろの下を通って、少し行くと、
細い道の向こうから、だれか来るようです。」

「話し声が聞こえます。」

「チンチロリン、チンチロリンと、
松虫が鳴いています。」

（活動後）そこまでにしましょう。
この列、とてもいい声が出ていますよ。

縦列ごとに
交替しながら
読みます

「中山様の……
だれか
来るようです。」

「話し声が
聞こえます。」

ADVICE！
・ほかにも、次のような交替音読があります。
（例）「クラス半分交替読み」（教室半分ごとに1文交替で読む）、「1人交
替読み」（1人1文交替で読む）、「教室交替読み」（教師と子どもで1
文交替で読む）、「ペア交替読み」（ペアで1文交替で読む）、「間あ
け交替読み」（間を開けて読む）

こんな読み方、できるかな？

77 アレンジ音読

ねらい 様々なアレンジを加えて音読する

❶ひといきに音読する

 ひといき音読をします。
ひといきで、どこまで読むことができるでしょうか？

 「さむい冬が北方から、きつねの親子のすんでいる森へもやってきました。ある朝……」

 うっ、もうダメだ！

❷役割を決めて音読する

 今度は、劇読みをします。役割を決めて読みましょう。1班と2班はナレーターの役。3班は子ぎつねの役。4班は母ぎつねの役をやります。

 「まもなくほらあなへかえって来た子ぎつねは、」

 「「おかあちゃん、お手々がつめたい、お手々がちんちんする」」

 「といって、ぬれてぼたん色に……」

 （活動後）感情を込めて読むことができていますね！

ADVICE！　・ほかにも、次のようなアレンジ音読があります。
　　　（例）「声変わり読み」（声の高低、大小）、「正確読み」（正確に読む、間違えたら終了）、「口パク読み」（口パクで読む）、「1人読み」（1人で自分のペースで読む）、「早読み」（早く読む）、「遅読み」（遅く読む）

78 動作音読

どんな姿勢でも音読ができるかな？

ねらい 様々な姿勢で音読し、声の出し方を工夫する

❶ 背中合わせ音読をする

 ペアで背中合わせになりましょう。
その姿勢で、相手に声が届くように読みます。さん、はい！

 「これは、わたしが小さいときに、村の茂平という
おじいさんから聞いたお話です。」

 相手の声が聞こえた人？

 はい！

相手に声が届くように読みます

「これは、わたしが小さいときに、……」

❷ 歩き音読をする

 今度は、教室を歩き回りながら音読をします。
第1場面を読み終わるときに、自分の席へ戻れるようにしましょう。

 「とんがらしをむしり取っていったり、いろんなことをしました。」

 間違うことなく読めた人？

 は〜い！

 すごい！　集中して読めていますね。

教室を歩き回りながら音読をします

「とんがらしをむしり取っていったり、……」

ADVICE！
・ほかにも、次のような動作音読があります。
（例）「ジャンプ読み」（ジャンプしながら読む）、「たけのこ読み」（読みたい箇所で立ち上がって読む）、「ダブルたけのこ読み」（たけのこ読みで、となりの人が立ったら強制的に立つ）

79 読み聞かせ大会

私のお気に入りを、みんなに読み聞かせ！

ねらい 読み聞かせを通じて、読む力を向上させる

❶読み聞かせ大会を告知する

 明日の図書の時間は、読み聞かせ大会を開きます。
みんなの前で読んでくれる人はいますか？　（挙手・指名）
その人たちは、何か1冊本を持ってきてください。

 何の本にしようかな〜。

❷図書の時間に読み聞かせをさせる

 では、本を持ってきた人たちは、みんなに読み聞かせをしてください。
それぞれの場所に分かれて読みます。

 私は、『りんごかもしれない』を読みます。

 （活動後）お話を聞いた感想を発表してください。

 読み方がとっても上手でした。

 いろいろなりんごがあって
おもしろいと思いました。

 また1か月後にやりますよ。
やりたい人は、おすすめの本
を考えておいてください。

ADVICE！　・一度に読ませる人数は、30人のクラスで4〜6人程度が適しています。

下から文字がドンドン消えていく！

80 オバケ暗唱

ねらい 詩を暗唱できるようになる

❶詩を徐々に下から消していく

今日は、この詩を暗唱できるようになりましょう。
読むたびに、詩が下から消えていきます。まるで、オバケのように。
最後には暗唱できるでしょうか。

「わたしが両手をひろげても、
……」（黒板に書かれた詩を、下
から少しずつ消していく）「お空は
ちっともとべないが、……」

❷1文字残して読む

それでは、1文字を残して、
ほかは消してしまいます！

うわ～！

それでも読み切るぞ！

さん、はい！

「わたしが両手をひろげても、……」（最後にはすべて消してしまう）
「みんなちがって、みんないい。」

最後まで読み切ることができた人？（挙手）
すばらしい！　では最後、すべて消して読んでみましょう。

ADVICE！
・4～5回繰り返して読む中で、完全に消してしまえるように指導するのが目
　安です。
・1人で詩を覚えるときには、手で詩を下から少しずつ隠していくことにより、
　1人で「オバケ暗唱」の要領で覚えることができます。

難読漢字一覧

　難しい読み方の字を紹介します。フラッシュカードに書き、矢継ぎ早に読み上げていくようにすると、子どもたちも読めるようになります。

天魚	（あまご）	白湯	（さゆ）
水馬	（あめんぼ）	百日紅	（さるすべり）
十六夜	（いざよい）	時雨	（しぐれ）
椅子	（いす）	竹刀	（しない）
無花果	（いちじく）	西瓜	（すいか）
従兄弟	（いとこ）	天道虫	（てんとうむし）
海豚	（いるか）	心太	（ところてん）
和尚	（おしょう）	梯子	（はしご）
十八番	（おはこ）	波布	（はぶ）
玩具	（おもちゃ）	半片	（はんぺん）
案山子	（かかし）	海星	（ひとで）
風邪	（かぜ）	河豚	（ふぐ）
蝸牛	（かたつむり）	黒子	（ほくろ）
河馬	（かば）	真面目	（まじめ）
天牛	（かみきりむし）	百足	（むかで）
木耳	（きくらげ）	目高	（めだか）
金平	（きんぴら）	百舌鳥	（もず）
海月	（くらげ）	山羊	（やぎ）
健気	（けなげ）	火傷	（やけど）
気配	（けはい）	宿借	（やどかり）
独楽	（こま）	守宮	（やもり）
子生婦	（こんぶ）	行方	（ゆくえ）
小波	（さざなみ）	若人	（わこうど）

言葉を使った
国語あそび

子どもたちは、
「しりとり」などの
言葉あそびが大好きです。
もっともっと言葉に
関心をもたせられるような
アクティビティを紹介します。

81 ○画の漢字探し

同じ画数の漢字、あるのかな？

ねらい 漢字の画数に意識を向ける

❶5画の漢字を探す

紙を配ります。そこに、5画の漢字を書きましょう。
いくつ書くことができるでしょうか。制限時間は5分です。

何だろうな～？

あっ！　田んぼの「田」は、5画だ！

（活動後）いくつ書くことができましたか？

5画の漢字を
書きましょう

あっ！
田んぼの
「田」は、5画だ！

❷友だちと協力して探す

では、ここからは、
班の友だちと協力して考えてみましょう。

「旧」も、5画だよ。

そうか。「日」が4画だから、
そこから考えるとはやいね。

いくつに増えましたか？（挙手）
みんなで考えると、
たくさんの学びがありますね。

班の友だちと
協力して
考えてみましょう

「旧」も、
5画だよ

「日」が4画だから、
そこから考えると
はやいね

ADVICE！
・5角の漢字は、右、玉、左、四、出、正、生、石、田、白、本、目、立、外、兄、古、広、市、矢、台、冬、半、母、北、用、央、去、号、仕、写、主、申、世、他、打、代、皮、氷、平、由、礼、以、加、功、札、史など。
・「～の部首の漢字」とするのもいいでしょう。

漢字あそび②

バラバラの漢字、元通りにすると何？

82 バラバラ漢字クイズ

ねらい 漢字の形やつくりに注目する

❶漢字の一部を示す

 漢字の一部分を黒板に書きます。
組み合わせると、どんな漢字になるのでしょうか？
「木」「立」「見」。

 あっ、「親」です！

 正解！　このように、漢字を
バラバラにした問題をつくっ
てみましょう。配った紙に書
いてみましょう。

❷バラバラから組み合わせた漢字を発表する

 では、グループの中で1人ずつ発表していきましょう。

 「日」「十」、な〜んだ？

 う〜ん、……「早」！

 正解！

 次は、僕が問題を出すよ！

 そこまでにしましょう。みんなの前で出題したい人はいますか？
（挙手・指名）
（活動後）こうやってバラバラにしてみると、漢字は様々な部分で
できていることが分かりますね。

ADVICE！　・バラバラにした部分が漢字の意味を表すヒントになる場合は、それを伝
えます。例えば、「親」であれば、「木のもとで立って見ている人といえ
ば……?」というように。

83

漢字の一部でしりとりをしよう！

漢字パーツしりとり

ねらい 漢字の形やつくりに注意を向ける

❶漢字の一部分でしりとりをする

グループで漢字の一部を用いてしりとりをします。
漢字の一部分を使って、次の人は違う漢字を考えましょう。
ジャンケンで勝った人から、はじめの漢字を決めます。

はじめは、「能」！

う～ん……「月」を使って「明」！

じゃあ……「日」を使って「白」！

❷グループで勝負する

10秒以内で書けなければアウトですよ。アウトになったら、
アウトの人から新しい漢字を書いて、ふたたび始めますよ。

「日」を使って……「間」！

「門」を使って……。え～と……。

10秒！　アウトー！

やられた！　次は、僕から始めるよ。

ADVICE！

・中高学年では、部首とつくり、かまえなどのどのパーツを使っているかを意
　識させるようにしましょう。
・「5分間で何文字往復できるか？」とルール設定すれば、より白熱します。

この漢字は、いったい何て読むの!?

84 当て字クイズ

ねらい 漢字の様々な読み方を知る

❶当て字を読む

 「歩手斗」。これは、何と読むのでしょうか?

 「ポテト」だと思います!

正解です! このように、漢字本来の意味に関係なく、音や訓を借りて当てはめた漢字を「当て字」といいます。今日は、みんなで様々な当て字をつくり、クイズにしてみましょう。紙を配りますので、そこに当て字を書いてみましょう。(活動後)となりの人に問題を出してみましょう。

 「会巣」。な〜んだ?

 え〜っと、……アイス!

❷当て字をつくって友だちと出し合う

 みんなの前で発表できる人?
(挙手・指名)

 「波祖根」。これ、な〜んだ?

 えっ、何それ?

 正解は、「パソコン」です。

 難しい「当て字」をつくることができましたね。
じつは、国の名前など、当て字で表現する言葉が多く存在します。
そういう言葉を調べてみるのもおもしろいですよ。

ADVICE! ・辞書や漢字ドリルを使って行うと効果的です。
・書いた紙を回収し、ちょっとしたスキマ時間に出題するのもいいでしょう。

85 創作四字熟語

4つの漢字で表現しよう！

ねらい 漢字の音と訓を知り、漢字に慣れ親しむ

❶四字熟語をつくる

 先生の今の気持ちです。「腹減望肉」。どんな意味なのか、分かりますか？

 おなかが減って、お肉を食べたいんだと思います。

 大正解！　このように、オリジナルの四字熟語をつくり、意味を説明します。自分の好きな漢字でつなげて書いてみましょう。

オリジナルの四字熟語をつくり、意味を説明します

野球が好きだから、「一球勝負」かな～

 野球が好きだから、「一球勝負」かな～。

 受験で合格したい。「難関突破」だ！

❷友だちと四字熟語を見せ合う

 書いた四字熟語は、机の上へ置きます。いろいろな人の熟語を見て歩いてみましょう。

 「一挙猛進」か～。かっこいいね！

 「最高学級」。なるほど、すてきな言葉だな。

「一挙猛進」か～

「最高学級」。すてきな言葉だな

ADVICE！　・つくった四字熟語を壁に貼り出すと、まるで武道の道場のような雰囲気になります。
・書写の時間に、半紙に毛筆で書き出させるのもいいでしょう。

86 しりとりポイント

しりとりの語数で、いざ勝負！

ねらい 様々な言葉に慣れ親しむ

❶ 赤と黒に分かれてしりとりを書く

 紙を配ります。となりの人と、しりとりをしながら言った言葉をつなげて書き記していきます。3分間で、より多くの言葉で書くことができている人の勝ちです。ジャンケンで勝った人は赤鉛筆で、負けた人は黒鉛筆です。

 りんご。　　 ごま。

 まんとひひ。　 ひぐま。

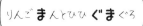 りんご **ま**んとひひ **ぐま**ぐろ

 まぐろ。

ひぐま　　まぐろ

❷ 合計文字数で競い合う

 そこまで！　自分の書いた文字をかぞえましょう。

 僕は32文字！

 私は29文字。負けちゃった〜。

 やった〜！

 グループの中で相手を替えて、もう1回勝負してみましょう。

自分の書いた文字をかぞえましょう

僕は32文字！

私は29文字。負けちゃった〜

ADVICE！　・長い言葉を書いたほうが勝ちやすいことに気付かせましょう。

87 文を飾り付けて長くしよう！
修飾語つなげ

ねらい 修飾語の意味と役割を学ぶ

❶出だしの主語と述語を決める

 「〜〜は〜〜。」という主語と述語の文に、言葉を付け加えていきます。まずは、はじめの文を募集します。誰か思いついた人、いますか？
（挙手・指名）

 「先生が立ち上がる。」　　 では、この文に付け加えていきましょう。

 「美しい」

 では、「美しい先生が立ち上がる。」になりますね。

 ええっ!?（笑）

❷修飾語を加える

 1人1つずつ付け加えていきましょう。

 「新幹線のように」　　 「ズバッとはやく」

 「マリー・アントワネットのように」

 （活動後）とても長い文になりました。このように、ほかの言葉を詳しく説明する言葉のことを「修飾語」といいます。

ADVICE！ ・班でA3用紙に書き込んでいくようにするのもいいでしょう。1人ずつ輪番で発言し、書き加えていきます。

物を何かにたとえて勝負！
88 比喩バトル

ねらい 様々な物にたとえ、表現を楽しむ

❶指定されたものを、ほかの物にたとえる

となりの人と勝負します。ジャンケンで勝ったら物を指さします。負けた人は、その物の色や形や大きさを、「～みたいな」「～のような」というような言葉でほかの物にたとえてみましょう。5秒以内に答えられなければアウトです。

 筆箱！

 お弁当箱みたいな大きさだね。椅子！

 屋久島の杉の木のような色だね！

❷前で代表者が行う

では、みんなの前で代表してできる人はいますか？（挙手・指名）
AさんとBくん。先に言ったほうが勝ちです！

 鉛筆！　　 えっと……。　　 5秒！　はい、アウト！

今のように、あることを分かりやすく説明するために、似ている物に置き換えることを、比喩といいます。
比喩は、本の文章の中にも、ところどころに出てきます。
比喩があると、話の内容をイメージしやすくなりますね。

ADVICE!　　・高学年では「隠喩」（トマトの色です）、「直喩」（トマトのように真っ赤です）まで教えるといいでしょう。

続けて2回のオノマトペ！

89 畳語勝負

ねらい 音声を繰り返して言語化する

❶テーマを指定する

「バンバン」のように、同じ音を繰り返す言葉を、畳語といいます。
手拍子の後に、畳語を言います。
同じ言葉や、あり得ない言葉を言うとアウトになります。
例えば、「チョーク」だとすれば、「ポキポキ」とか「サラサラ」
などの音が鳴りますね。はじめのテーマは「カバン」です。
アウトになった人が、次のテーマを決めます。

ボンボン。

ガサガサ。

パカパカ。

❷繰り返しの音を考えて言う

 グリグリ。

 カバンで「グリグリ」はおかしいよね？

 そっか〜、負けた！　じゃあ、次のテーマは「消しゴム」で！

（活動後）そこまでにしましょう。
畳語があると、状況がイメージしやす
くなります。
今日の作文には、このような畳語を入
れて書いてみましょう。

ADVICE!　　・各班の代表者が立ち、代表選を行うのもいいでしょう。

3つのヒントで単語を当てよう！

90 クラゲは何だ？

ねらい 単語の使い方や意味を知り、語彙を増やす

❶クイズを出題する

 3本足のクラゲの中にお題が入ります。
そこから、ヒントになる言葉が広がっています。
ヒントを見て、何の言葉なのかを当てましょう。
ヒントは、「大きい」「四足歩行」「長い鼻」。

 ゾウだ！

 正解！

❷自分でオリジナル問題をつくる

 では、自分で問題をつくって、となりの人と出し合ってみましょう。

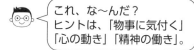 これ、な～んだ？
ヒントは、「物事に気付く」
「心の動き」「精神の働き」。

分からない……。

正解は、「意識」！

なるほど！

 新しい言葉について、知ることができましたね。
そうやって、語彙を少しずつ増やしていきましょう。

ADVICE！　　　・辞書で調べてヒントをつくると、より正確な語彙習得につながります。

91 ダジャレ集め

ダジャレを集めて伝え合おう!

ねらい ダジャレを通じて、言葉あそびを楽しむ

❶ダジャレを集める

 「ふとんがふっとんだ!」。このように似た音をもつ言葉をかけることをダジャレといいます。では、ダジャレをいくつ集められますか?

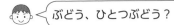 ぶどう、ひとつぶどう?

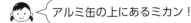 アルミ缶の上にあるミカン!

❷みんなの前で発表する

 みんなの前で発表できる人? (挙手・指名)

 トイレにいっといれ。

 ふとんがお山のほうまでふっとんだ。おや、まあ。

 洒落というのは平安時代、貴族のたしなみの1つでした。その中でも程度の低い物ということで、このような言葉あそびは「駄洒落」と呼ばれていたのです。
物事を暗記したいときには、ダジャレが使えると便利ですよ。

ADVICE! ・みんなのダジャレを1つの紙にまとめると、クラスのダジャレ集ができあがります。

文章あそび②

ことわざをチョコっと変えてみよう！

92 パロディことわざ

ねらい ことわざを模倣してつくり、意味を理解する

❶知っていることわざを発表する

 みなさんは、ことわざを知っていますか？
知っていることわざを発表してみましょう。

 猿も木から落ちる。

 豚に真珠。

 弘法筆を選ばず。

 このようなことわざを、自分の言葉で
書き換えてみましょう。
同じ意味になるように、言葉だけを変
えるようにしてみましょう。

❷パロディを考える

 体操選手も鉄棒から落ちる。

 牛に金時計。

 （活動後）となりの友だちと
発表し合ってみましょう。

 山田、バットを選ばず。

 （活動後）たくさんのことわざができましたね。きっと、昔の人も、
何かを伝えたくて、今のように言葉を考えたのでしょうね。

ADVICE！
・ことわざを一覧表にして配付することが望ましいです。
・完成したことわざを、縦長の画用紙に書き、掲示するのもいいでしょう。

93 ぎなた読み

1つの文なのに2つの意味が!?

ねらい 2通りの読み方ができる文をつくる

❶ぎなた読みを練習する

これは、何と読むでしょうか？
「ぼくはくさい」「くるまでまとう」「ひらめいた」「のろいのはかばだ」
「なんかいもみたい」「まちがわれています」「はながみをむすぶ」。
1つの文で、2つの意味がある。これを、「ぎなた読み」といいます。
自分だけのぎなた読みをつくってみましょう。

いわなくってもいいの？

ぱんつくった。

❷オリジナルのぎなた読みをつくって発表する

では、となりの人と発表し合ってみましょう。

きょうふのみそしる。

あくのじゅうじか！

みんなの前で発表したい人？ （挙手・指名）

ADVICE!

・ぎなた読みを考えるのは、かなり難易度が高いです。「ぼくは」「わたしは」「きのうは」と“は”から始まる言葉を組み合わせるようにヒントをあたえるといいでしょう。

・ぎなた読みは、「弁慶がなぎなたを持って」という文を、「弁慶がな、ぎなた（鉈の一種）を持って」と読まれたことが由来といわれています。

94 あいうえお順に文をつくろう！
縦読みメッセージ
ねらい 文をつくり、言葉あそびを楽しむ

❶縦に読むと意味のある文をつくる

この文章には、メッセージが込められています。それは、何でしょうか？
　がっこうで、ど
　んなにたいへんでも、
　ばっちりやりき
　ろうとする君たちには、も
　う十分な力がついているぞ！

何だろう……？

あっ！　縦に読むと、「がんばろう」って読めます！

その通り！　今日は、このような縦読みメッセージをつくってみましょう。

❷文章をみんなの前で発表する

白紙の紙を配ります。まずは、縦読みのメッセージを決めて書きます。
それから、横に文を書いていきましょう。
（活動後）歩き回って、様々な人と見せ合ってみましょう。

すごい！　よくつくれたね。

ADVICE！
・新聞のテレビ欄に縦読みが用いられていることがあります。様々な縦読みを紹介することで、活動への意欲をもたせるようにしましょう。
・紙は、マス目のない白紙のものを使用しましょう。

95 回文づくり

右からでも左からでも同じ文!?

ねらい 左右対称の文をつくり、言葉に慣れ親しむ

❶回文の例を紹介する

不思議な文を紹介します。何が不思議なのか分かりますか?
「わるいにわとりとわにいるわ」「よるおきぬたぬきおるよ」
「ぞうくんぱんくうぞ」。

右から読んでも、左から読んでも同じだ!

そうです! このような文を、回文といいます。
では、この回文はどうなるでしょうか? 続きを考えてみましょう。
「たけやぶ」「わたしま」「だんすが」「なわの」……。

あっ、分かった!
「(たけやぶ) やけた!」

❷オリジナル回文をつくる

では、オリジナル回文をつくってみましょう。

「よるくるよ」

「いかたべたかい」

3つ考えた人は、黒板に書いてみてください。思いつかない人は、友だちの文をヒントにして、考えてみましょうね。

ADVICE!
・長い文として、次のような回文があります。
(例)「いかのダンスはすんだのかい」「任天堂がうどん店に」「よるすき焼きするよ」

96 辞書クイズ

辞書を使ってクイズ出題!

ねらい 辞書を引く楽しさに気付く

❶辞書を開き、意味を読み上げる

 辞書からクイズを出します。
みんなが知っている言葉を選び、意味を読み上げます。

 試験のときに、答えをぬすみ見たりするずるい行い。な〜んだ?

 「カンニング」!

 正解です!

❷意味から言葉を推測する

 代表してみんなの前で問題を出したい人は、いますか? (挙手・指名)

 生まれつき、ずば抜けた才能をもっている人。また、その才能。な〜んだ?

 「天才」!

 正解!

 辞書の意味だけを読むと、まるでクイズのようですね。今日のように、いろいろな言葉の意味を調べてみるとおもしろいですよ。

ADVICE! ・ときどき、だれも知らないような言葉を出題してしまう子どもがいます。みんなが知っている言葉を出すように促しましょう。

97

言葉の意味は、何だろう？

辞書早引き選手権

ねらい 辞書で早く言葉を見つけられるようになる

❶ 10の言葉の意味を調べる

 辞書で言葉を見つけて、その言葉の読み方と意味を読み上げます。黒板に書かれている10の言葉を、5分間でどこまで調べることができるでしょうか。用意、始め！

 「感嘆。感心してほめたたえること。」……見つけた！

 「ちえ。正しく判断する心のはたらき。」……よし！ 次だ！

❷ さらに多くの言葉を調べる

 よし、10語、最後までできました！

 20まで書き加えました。できる人は、どこまで進めるかチャレンジしてみましょう。

 よし、やるぞ〜！

ADVICE！
・「グループ全員が辞書を引けたら次に進む」というように対抗戦で行えば、辞書の引き方を教え合うこともできます。
・付箋に番号と言葉を書き込み、開いたページへ貼り付けていくと、辞書引きへの意欲が増します。付箋には、はじめから番号を書き込んでおくようにするとスムーズです。はじめは学校から20〜30枚ほど配り、それから先は、自分で似たような付箋を用意させるようにします。

98 辞書しりとり

辞書を使ってしりとりしよう！

ねらい 素早く辞書引きする技術を身につける

❶辞書でしりとりをする

となりの人と、辞書を使ってしりとりをします。
10秒で答えられなければ負け。
負けてしまったら、負けた人から新しい言葉で始めます。

「団子」！

「午後」！

「誤差」！

さ……「酒」！

辞書を使ってしりとりをします

「誤差」！

さ……「酒」！

❷制限時間を短くする

「今朝」！

さ……。

5、4、3、2、1……0！　アウト！

ああ～！　じゃあ、私から。「涙」！

（活動後）そこまで。
はやく引くためのコツはありますか？

辞書の横に書かれている印を見て、
「あかさたな」の大体の位置を捉えて
おくとはやいです！

「今朝」！

さ……

5、4、3、2、1……0！、アウト！

ADVICE！ ・「カタカナしりとり」（カタカナ言葉に限定）、「4文字しりとり」（4文字に限定）などにすると難しくなります。

カタカナの多さで、いざ勝負！
99 カタカナ勝負
ねらい 偶発的な言葉との出合いから辞書に慣れ親しむ

❶開いたページのカタカナで勝負する

開いたページのカタカナ言葉を探します。文字数の多いほうが勝ちです。

よ〜し……「デシリットル」！
6文字だ！

私は……「オアシス」！　4文字か〜。
負けちゃった。もう一度！

❷クラス全員で勝負する

では、クラスみんなでやってみましょう！
みんなで一緒に開きましょう。さん、はい！

「デパート」、4文字！

「ミニトマト」、5文字！

さあ、何文字でしょうか？
4文字？　5文字？　6文字……？
（順に聞いていく）
12文字のAくんが優勝です！

やった〜！

ADVICE! ・「10秒の間に全ページから探す」というルールにするのもいいでしょう。

辞書あそび⑤

100

この言葉との出合いは、運命だ！

運命の出合い作文

ねらい たまたま開いたページの言葉で文をつくり、語彙力を高める

❶開いたページの言葉で作文を書く

 目を閉じたまま、辞書のどこかのページを開き、両手で指さします。両手で指さした２つの言葉を使って、作文を書きましょう。

 「宿舎」と「主将」！

 「細い」と「ポップコーン」か……。

目を閉じたまま、両手で指さした２つの言葉を使って、作文を書きましょう

「宿舎」と「主将」！

❷書けた人は、さらに３つを引き、続きを書く

 「宿舎に泊まっていると、主将がやってきた。……」

 「細いストローでコーラを飲み、ポップコーンを食べた。……」

 言葉をどれだけ知っているか、どれだけ使えるかどうかという能力を、語彙力といいます。
辞書で見つけた新しい言葉を使い、自分の語彙力を高めていけるようにしましょう。

「宿舎に泊まっていると、主将がやってきた。……」

ADVICE! ・書けた作文は友だちと交流させ学び合いをさせて、語彙をたくさん増やしていきましょう。

Chapter 5　言葉を使った国語あそび　**123**

言葉の枝葉を広げよう！

101 言葉の樹

ねらい 関連する言葉を広げていき、語彙を増やす

❶辞書で言葉と言葉をつなげる

 辞書を使って、言葉の樹の葉を広げていきます。関係のある言葉をつなげましょう。10分間で、どこまで広げられるかな？
では、はじめの言葉は「りんご」です。

 「りんご」……
「熟す」「果物」「白い」「花」。

❷言葉のマインドマップを広げていく

 みんなで一緒に、言葉の樹を広げていきましょう。

 「果物」は「食用」「草木の実」。

 「食用」は「食べられること」。

 大きな言葉の樹ができましたね。
分からない言葉が出てきたら、今のように辞書を引いていくようにするといいですね。

ADVICE！ ・抽象的な言葉が出てきた場合などに、このアクティビティをすると、言葉の意味が明らかになっていきます。

●作文・スピーチのテーマ一覧

作文やスピーチのテーマに使えるテーマを、以下にまとめました。
使い方は、次の3通りあります。

①分けて使う

1学期、2学期、3学期の学期はじめに配付します。そうすることにより、各学期で新たなテーマを見つけ、作文やスピーチに臨むことができます。

②まとめて使う

3枚まとめて配付し、ノートや教科書の裏表紙などに貼り付けておきます。こうすれば、子どもたちは、膨大なテーマの中から作文やスピーチのテーマを選ぶことができます。

③教師用のストックとして

子どもには配付せず、教師が授業でペアトークを行う際に使用します。宿題として出題する際にも、その都度、この一覧から出します。3つほど提示し、「3つの中から書きたいものを選んで書くといいよ」とすれば、子どもたちは、選択する余地ができ、意欲をもって取り組むことができます。

★作文＆スピーチテーマ①

年　　組　（　　　　　　　　　　　　）

見て考えました

・空観察日記（「天を見ました。」から始める）
・春（夏・秋・冬）だなあ……（季節について）
・授業日記（授業を日記でふりかえる）
・天井を見上げて観察しましょう。（「天井を見ました。」から文章を書く）
・夏と冬ではどちらが楽しいのか。（好きな季節はこちら！）
・水を観察しました。（水の形ってフシギ！）
・ペットの動きを観察しました。（こんなことをやっていました。）
・植物を観察しました。（こんな植物がありました。）
・家族の動きを観察しました。（こんなコトしていました。）

自己紹介

・苦手なものがあるんです。（自分の苦手なものはずばり！）
・大嫌いなものがあるんです。（嫌いな食べ物、飲み物など）
・自分の得意なこと。（こんな特技があるんです。）
・ふと思い出しました！（思い出したこと）
・やっちゃった、失敗話（やってしまった失敗）
・がんばりました！（がんばったことを聞いて！）
・ピピピ、ピンチ！（絶体絶命の話）
・ああ、ハッピー！（幸せなことがありました。）
・輝く自分！（自分のいいところを書く）
・最近１番許せない話（これは許せない！）
・最近 見た夢の話（こんな夢を見ちゃいました。）
・一生に１回でいいから見てみたい！（これだけは見てみたいもの）
・ラーメンは何味派（塩、トンコツ、味噌、醤油……）
・会話だけの作文（「　　　」だけで作文を書く）
・最近 ハマっていること（こんなことに熱中しています。）
・おもしろかった本（こんなおもしろい本があるんです。）

いろいろなもの紹介

- 担任の先生って、こんな人です。（先生のことを説明する）
- 何でもテレビショッピング（身近にあるものを販売する）
- ココが学校の自慢です。（学校のいいところを言う）
- こんな名言、紹介します。（名言について解説する）
- あこがれ友だち作文（あこがれている友だちについて書く）
- 今だから言えることなのですが（うちあけ話）
- ありがとうね！（感謝の気持ち）
- ○○さんへ（手紙を書く）
- こんなこと、知っていますか？（あなたも知っているよね？）
- オリジナル絵本（絵のついたお話を書く）
- 都道府県紹介！（好きな都道府県を紹介する）
- クラスのみんなへの手紙（仲間に伝えたいこと）
- 自分にインタビューをして自分で答えましょう。（Q&A形式で書く）
- お化けがいるか、いないのか？（自分はコッチ派です。）
- 絵日記（絵入りの日記を書く）
- 住んでいる場所のいいところ（こんないいところがあるんです。）
- 二度と体験したくない話（絶対繰り返したくない……）

1番○○なこと

- 1番ラッキーだったこと（こんなラッキーなことがありました。）
- 1番楽しみにしていること（こんな楽しみがあるのです。）
- 1番好きな色はコレ！（こんな色が好きです。）
- 1番こわいもの（これがこわいんです。）
- 1番やってみたいこと（これだけは、いつかやりたい。）
- 1番後悔していること（やらなきゃよかった、あんなこと）
- 1番分からないこと（これの意味を教えてください。）
- 1番嫌いなもの（これだけは無理！）
- 1番落ち着くもの（これがあると落ち着くんです。）
- 1番腹が立つこと（怒っています！）

★作文＆スピーチテーマ②

年　　組　（　　　　　　　　　　　）

創作

・頭がよくなる1つの方法（これで賢くなれるのです。）
・ことわざへ反論します。（ことわざの間違っているところを言う）
・なりきり作文（何かになりきって書く）
・なりきり文句作文（何かになりきって文句を言う）
・詩・俳句・短歌・川柳！（短い文章を書いてみよう）
・創作昔話（オリジナルのお話を作ろう）
・今日に題名をつけました。（今日につけるキャッチコピー）
・ドラえもんとのび太はどっちが主役？（主役はズバリこちら）
・漢字テスト100点を取るコツ（これであなたも100点満点）
・あればいいのに、こんな法律（作ってみたい法律）
・こんな宿題があったらうれしいな。（考えました、こんな宿題）
・いじめをなくす方法を考えました。（これでいじめは絶対なくなる）
・温泉マークの書き方を説明しましょう。（見たことがない人でも分かるように）
・制服はあったほうがいいか、ないほうがいいか？（どっちがいい？）
・物当てっこ（物について解説し、クイズにする）
・ウソの心霊体験！（心霊体験をしたつもりで）
・読んでいないけれど読書感想文（読んだことのない本の読書感想文を書く）

3つあります

・好きなものベスト3（好きなものを順番に言う）
・最近のニュースより（気になったニュースについて解説）
・詩の視写（詩をそのまま写す）
・今日よかったこと3つ（よかったことを伝える）
・明日の目標3つ（明日がんばりたいこと）
・学校生活ベスト3（学校生活をふりかえって）
・調べて分かったこと3つ（調べて分かったこと）
・好きな勉強とその理由（自分の1番好きな勉強について）
・ペットの好きなところとその理由（どうしてペットがいいのか？）

・私の趣味のいいところ！（この趣味、最高です！）
・私のいいところ３つと悪いところ３つ（長所と短所）
・出演してみたいテレビ番組と理由（この番組に出てみたい！）
・聞いてください！　私の３大ニュース（こんなニュースがあるんです。）
・イチおしキャラクターと理由（このキャラクターがいい！）
・犯罪をなくす３つの方法（これで100％犯罪はなくなる。）

もしもの話

・もしも、生まれかわったら！（生まれかわるなら何になる？）
・もしも、宝くじで３億円あたったら！（何に使う？）
・もしも、こんなものがあったら！（新商品開発！）
・もしも、朝起きて毛虫になっていたら！（毛虫の気持ちになって）
・もしも、空からお金がたくさん降ってきたら！（こんなことに使っちゃおう。）
・もしも、透明人間だったら！（透明だからできること）
・もしも、鉛筆になったら！（頭が芯になるから……）
・もしも、魔法使いになれたなら！（使ってみたい、こんな魔法）
・もしも、願いが叶うなら！（こんな願いを叶えたい。）
・もしも、空が飛べたなら！（飛べるならココへ行きます。）
・もしも、宇宙人になったら！（宇宙人の気持ちになって）
・もしも、あと１時間で地球が爆発するとしたら！（これだけはやりたい！）
・もしも、朝起きて犬になっていたら！（犬の生活を書く）
・もしも、私が総理大臣だったら！（こんな国にしてみせる。）
・もしも、夜がなくなったら！（1日の様子を想像して書く）
・もしも、人間が眠れなくなったら！（想像して1日を記録する）
・もしも、学校がなくなったら！（どんな1日になるかを書く）
・もしも、芸能人になったらこんな芸名にします！（芸名とその理由）
・もしも、校長先生になれたら、どんな学校にしたい？（こんな学校が理想）
・もしも、祝日を1日つくるとしたら？（何の祝日にするか？）
・もしも、クラスのだれかになれるなら……？（この人になってみたい！）

★作文＆スピーチテーマ③

年　組　（　　　　　　　　　　　）

哲学

・なぜ、髪が生えてくるのかな？（なくてもよさそうなのに……）
・なぜ、学校はこわいのか？（夜の学校は、どうしてこわいの？）
・なぜ、隕石がふるのかな？（いったいどこから、どうやって？）
・なぜ、風が吹くと紙がペラッとなるのかな？（さわってもいないのに！）
・なぜ、秋になると葉の色が変わるのかな？（赤くなったり、黄色くなったり……）
・なぜ、サンタさんは家に入れるのかな？（煙突がないのに、不思議！）
・どうして地球は青と緑なのかな？（宇宙から見ると、そうなんだけれど……）
・なぜ、魚はずっと水の中にいるのかな？（息はできるの？）
・なぜ、消しゴムで字が消えるの？（どういう仕組みなのかな？）
・なぜ、太陽があるのか？（なくなれば、どうなる？）
・なぜ、雨がふって虹ができるのか？（雨の後に、どうして虹ができるの？）
・なぜ、雷は光るのか？（ピカ、ゴロゴロの意味は何？）
・なぜ、鳥は飛べるのかな？（羽ばたくと飛べるのはどうして？）
・なぜ、色を混ぜると色が変わるのか？（絵の具を混ぜると、どうして変わるの？）

選択

・田舎暮らしと都会暮らし、どっちがいい？（おすすめはこちら）
・1週間トイレで暮らすか、1日トイレになるか？（究極の選択）
・UFOは存在する!?（するんです！　しないんです！）
・旅行に行くなら、山に行くか、海に行くか？（ずばり、こっち！）
・お化けはいるのか、いないのか？（考えるだけでも、こわくなる……）
・朝ご飯は、パンがいいか、ごはんがいいか？（朝ご飯といえば！）
・飼うなら犬？　それとも猫？（もしも飼うなら、絶対こっち！）
・ウソはついてはいけない？　ついてもいい？（いいウソもあれば悪いウソも……）
・早く卒業したい？　それとも、小学生のままがいい？（卒業したい？）
・牛乳派？　それとも、お茶派？（飲み物といえば、こっち！）
・生まれ変わるなら、女になりたい？　男になりたい？（来世では、こっち！）

想像

・「赤」という字は、辞書でどのように説明されているでしょうか？
・「右」という字は、辞書でどのように説明されているでしょうか？
・「犬」という字は、辞書でどのように説明されているでしょうか？
・「愛」という字は、辞書でどのように説明されているでしょうか？
・「未来」という字は、辞書でどのように説明されているでしょうか？
・「けんもほろろ」という言葉の意味を予想しましょう。
・「松明」という言葉の意味を予想しましょう。
・「つぶら」という言葉の意味を予想しましょう。
・「優男」という言葉の意味を予想しましょう。

説明文

・「ラーメンの種類」について、説明文にまとめましょう。
・「好きな地方」について、説明文にまとめましょう。
・「夏のあそび」について、説明文にまとめましょう。
・「天気」について、説明文にまとめましょう。
・「野菜」について、説明文にまとめましょう。
・「日本の武道」について、説明文にまとめましょう。
・「あなたの学校の特ちょう」について、説明文にまとめましょう。
・「休み時間のあそび方」について、説明文にまとめましょう。
・「あなたの通学路」について、説明文にまとめましょう。
・「担任の先生」について、説明文にまとめましょう。

深い話

・人生の目的とは？（私が生きる意味って、何だろう？）
・私は何のために生まれたのか？（このために生まれてきました。）
・地球の環境問題について、こう思います。（環境問題、こう考えます。）
・ニュースを見て考えました。（ニュースを見て思うこと）
・愛と恋の違いは何か？（恋愛とは、ズバリこうです。）
・人は、死ぬとどうなるのか？（死んだ後は、どうなるのかな？）

原稿用紙 (81マス)

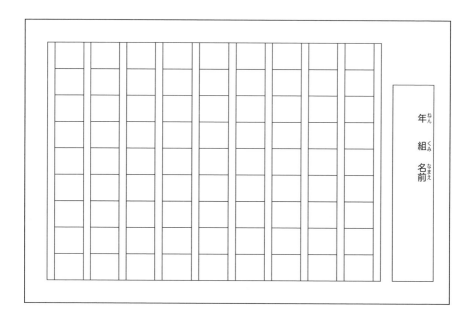

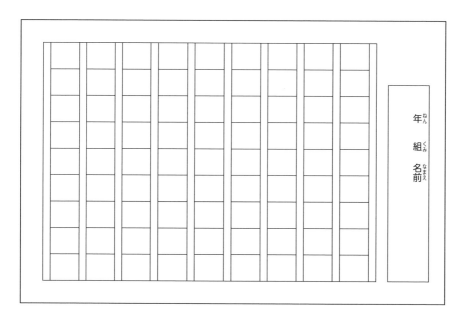

原稿用紙（144マス）

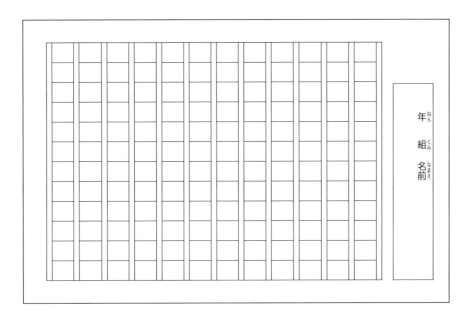

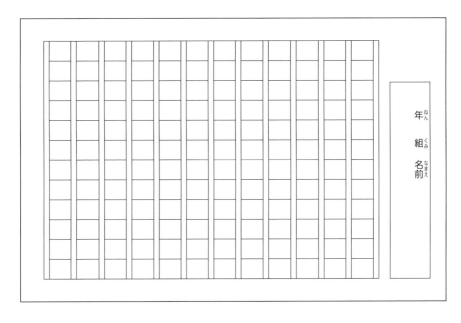

★ムンクの「叫び」より

何て言っているのかな？

<ruby>年<rt>ねん</rt></ruby>　　<ruby>組<rt>くみ</rt></ruby>　（　　　　　　　　　　　　）

★ミレーの「落穂拾い」より

何て言っているのかな？

年　　組　（　　　　　　　　　　）

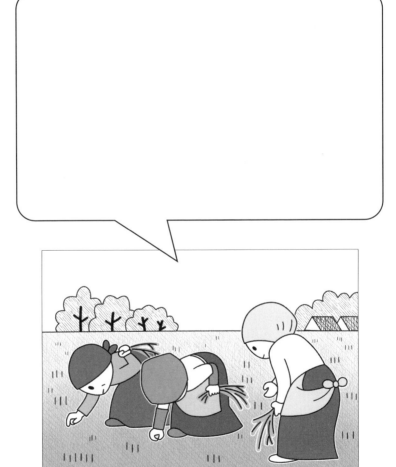

★フェルメールの「牛乳を注ぐ女」より
何て言っているのかな？

年　組（　　　　　　　　　　　）

おわりに

　「子どもたちを国語科の授業へ引き込むためには、どうすればいいのだろう？」
　小学校教師になってから、ずっと考え続けてきました。

　アンケートをとってみれば、子どもたちは「国語科の授業は必要だ」と考えているのが分かります。しかしながら、実際の国語科の授業になると、途端にうつむいてしまうのです。

　どうすれば、話し合いたくなるのか。
　書きたくなるのか。
　もっと読みたいと思うのか。
　友だちの話を聞きたいと感じるのか。
　様々なアクティビティを、試行錯誤してきました。
　実践してきた中でも、選りすぐりのあそびだけを本書に掲載しました。

　国語科には、ハッキリした正解はありません。
　子どもの考えが、様々なかたちで表現されます。
　子どもならではの、ほかには代え難いような表現も、きっと生まれることでしょう。
　そのような感性を大切に育てていきましょう。

　「言葉って、おもしろい！」
　「国語科をもっと学んでみたい！」

　国語あそびを通じて、国語科が大好きな子どもを育てていこうではありませんか。

　　2020 年 9 月

　　　　　　　　　　　　　　　　　　　　三好真史

著者紹介

三好真史（みよし しんじ）

1986年大阪府生まれ。
大阪教育大学教育学部国語教育専攻卒業。
堺市立小学校教諭。
教育サークル「大阪ふくえくぼ」代表。
メンタル心理カウンセラー。
著書に『子どもがつながる！ クラスがまとまる！
学級あそび101』『意見が飛び交う！ 体験から学べ
る！ 道徳あそび101』（ともに学陽書房）、『教師の
言葉かけ大全』（東洋館出版社）などがある。

読み書きが得意になる！ 対話力がアップする！
国語あそび101

2020 年 10 月 22 日　初版発行
2023 年 2 月 17 日　4 刷発行

著者	——————	三好真史
装幀	——————	スタジオダンク
本文デザイン・DTP 制作	——————	スタジオトラミーケ
イラスト	——————	榎本はいほ
発行者	——————	佐久間重嘉
発行所	——————	株式会社 学陽書房

　　　　　　　　　　東京都千代田区飯田橋 1-9-3　〒 102-0072
　　　　　　　　　　営業部　TEL03-3261-1111　FAX03-5211-3300
　　　　　　　　　　編集部　TEL03-3261-1112　FAX03-5211-3301
　　　　　　　　　　http://www.gakuyo.co.jp/

印刷	——————	加藤文明社
製本	——————	東京美術紙工

©Shinji Miyoshi 2020, Printed in Japan
ISBN978-4-313-65410-5　C0037

子どもがつながる！　クラスがまとまる！
学級あそび101

三好真史 著　◎ A5 判 228 頁　定価＝本体 1600 円＋税

準備なしで気軽に教室ですぐに取り組めるカンタン学級あそび集。子ども1人ひとりの距離を縮めながら、自然なつながりを引き出すコミュニケーションあそびが満載です。すべてのあそびが、低・中・高学年に対応！

意見が飛び交う！　体験から学べる！
道徳あそび101

三好真史 著　◎ A5 判 132 頁　定価＝本体 1900 円＋税

「特別の教科 道徳」の授業にそのまま取り入れられて、深い学びと成長が引き出せる「あそび」を精選！　各あそびのねらいは学習指導要領の項目に対応し、あそびを通して子どもが体験的に学ぶことで、考えを深めながら道徳的成長が育めます！

運動嫌いの子も楽しめる！　体力アップに効果絶大！
体育あそび101

三好真史 著　◎ A5 判 132 頁　定価＝本体 1900 円＋税

運動嫌いを解消しながら体力アップをはかると同時に、クラスを一つにまとめるコミュニケーション活動や規律づくりにも役立つあそび集！　体育科の授業ではもちろん、雨の日の教室あそびやクラスイベントでも楽しく取り組めます。

どの子も好きになる！　楽しみながら話せる！
英語あそび101

三好真史 著　◎ A5 判 136 頁　定価＝本体 1900 円＋税

英語に関心をもたせながら、子どもも教師も一緒に楽しめて、いつの間にかどんどん話せてしまう効果絶大のあそびが詰まった一冊。お馴染みのジャンケンゲームやカードゲームをはじめ、単語や簡単フレーズを使ったものなどが満載！

体育が苦手な教師でも必ずうまくいく！

マット・鉄棒・跳び箱
指導の教科書

三好真史 著

体育科指導の最難関とも言われる器械運動は、3ポイントと5ステップを押さえれば必ずうまくいく！　運動がじつは苦手という先生でも不安なく指導できる具体的方法が学べる本書。基本の技はもちろん、安全を確保する補助の仕方、つまずいている子へのアドバイスなどが分かりやすいイラストとともに学べて、どの子からも「できた！」が引き出せます！

◎ A5判 192頁　定価＝本体 2000 円＋税